OUTSIDERS

ASSOCIADO

T499o Thorndike Jr., William N.

Outsiders: oito CEOs nada convencionais e seus planos radicalmente racionais para o sucesso / William N. Thorndike Jr. ; tradução: Francisco Araújo da Costa ; revisão técnica: Guilherme Ribeiro de Macêdo. – Porto Alegre : Bookman, 2024.

xxvi, 253 p. ; 21 cm.

ISBN 978-85-8260-645-2

1. Finanças. 2. Ações (Finanças) – Transferência. 3. Sucesso nos negócios. I. Título.

CDU 336

Catalogação na publicação: Karin Lorien Menoncin – CRB 10/2147

William N. Thorndike, Jr.

OUTSIDERS

Oito CEOs nada convencionais e seus planos radicalmente racionais para o sucesso

Tradução
Francisco Araújo da Costa
Revisão técnica
Guilherme Ribeiro de Macêdo
Professor da Escola de Administração da Ufrgs

bookman

Porto Alegre
2024

Obra originalmente publicada sob o título
The Outsiders: Eight Unconventional CEOs and Their Radically Rational Blueprint for Success

ISBN 9781422162675

Gerente editorial: *Letícia Bispo de Lima*

Colaboraram nesta edição:

Editora: *Arysinha Jacques Affonso*

Leitura final: *Ronald Saraiva de Menezes*

Arte sobre capa original: *Tatiana Sperhacke/TAT Studio*

Editoração: *Ledur Serviços Editoriais Ltda.*

(Bookman é um selo editorial do GRUPO A EDUCAÇÃO S.A.)
Rua Ernesto Alves, 150 – Bairro Floresta
90220-190 – Porto Alegre – RS
Fone: (51) 3027-7000

SAC 0800 703 3444 – www.grupoa.com.br

IMPRESSO NO BRASIL
PRINTED IN BRAZIL

O autor

Will Thorndike é formado pelo Harvard College e pela Stanford Graduate School of Business. É fundador e diretor da Housatonic Partners, empresa de investimentos com escritórios em Boston e San Francisco. Antes disso, trabalhou na T. Rowe Price Associates, onde fez suas primeiras pesquisas de investimento na área de serviços empresariais, e na Walker Publishing, onde atuou no conselho de administração.

Will já ministrou palestras nas escolas de negócios de Harvard e Stanford, bem como na Insead e na London Business School. Atualmente, é diretor conselheiro da Carillon Assisted Living, QMC International e ZircoData, e presidente do conselho da CNX Resources. Faz parte do conselho fiscal da WGBH e é sócio-fundador da Farm, um coletivo de investimento para impacto social. Ele mora nos arredores de Boston com a esposa e seus dois filhos.

Agradecimentos

Outsiders surgiu durante as férias com minha família em 2003. Eu trabalho em um fundo de *private equity* e estava me preparando para a palestra que faria na conferência semestral de CEOs da minha empresa. A ideia era traçar o perfil de um executivo-chefe excepcional e compartilhar as lições da carreira desse indivíduo com os gestores das empresas na nossa carteira. Havia escolhido Henry Singleton e, no início do processo de pesquisa, tive a sorte de me integrar à rede muito talentosa de estudantes do segundo ano da Harvard Business School, a começar por Aleem Choudhry. Aleem, que era membro da sociedade de honra acadêmica Phi Beta Kappa e formado em física por Stanford (onde também jogou tênis universitário), fez um excelente trabalho no projeto, e essa colaboração criou o modelo de pesquisa para todo o trabalho que se seguiu. No final do projeto, Aleem me apresentou a outro aluno excepcional, John Gilligan, que então terminava seu primeiro ano na HBS. John, outro Phi Beta, desta vez em química por Harvard, concordou em realizar um projeto de estudo independente semelhante sobre a Capital Cities, e então arregaçamos as mangas.

Enquanto trabalhava com esses estudantes, analisei cada um desses CEOs e seus colegas em detalhes. Cada projeto levou um ano acadêmico inteiro para ser concluído e seguiu um processo e cronograma idênticos. O primeiro semestre era dedicado à análise detalhada das demonstrações financeiras históricas das empresas e seus pares (no total, analisamos o equivalente a mais de mil anos de dados financeiros) e a uma análise aprofundada de outras fontes (incluindo artigos, livros e vídeos). O segundo semestre se concentrava em longas entrevistas com ex-executivos da empresa, investidores, analistas de Wall Street, banqueiros, executivos de empresas semelhantes e, é claro, com os próprios CEOs (conversamos com todos os CEOs vivos). Essas entrevistas quase sempre exigiam um trabalho de detetive considerável para localizar colegas e investidores desaparecidos havia muitos anos e, no total, conduzimos mais de 100 delas.

Agora, tenho muito a agradecer e preciso começar por esse conjunto extremamente talentoso de alunos da HBS com os quais tive a grande sorte de colaborar neste projeto nos últimos oito anos. Esse grupo excepcional incluía Paul Buser (Ralston Purina), Aleem Choudhry (Teledyne), Erin Eisenberg (Berkshire Hathaway), Matt Estep (General Dynamics), John Gilligan (Capital Cities Broadcasting), Brian Hersman, Moritz Jobke (Tele-Communications Inc.), Christina Miller (The Washington Post Company) e Konstantinos Papakonstantinou (General Cinema).

Também da HBS, agradeço aos professores Nabil El-Hage e Mike Roberts pelo seu apoio, e a um aluno atual, Matt Klitus, que prestou uma importante assessoria analítica quando o manuscrito estava em seus estágios finais.

Por seu tempo e *insights*, agradeço também àqueles que se ofereceram para ler o manuscrito, incluindo Bill Carey, Art Charpentier, Will Gardner, Giles Goodhead (uma leitura especialmente atenta), Irv Grousbeck, Bob Grusky, Mike Jackson, Chris Kimball, Sam MacAusland, Joe Niehaus, Brandon Nixon,

David Simmons, Kevin Taweel, Lanny Thorndike, Tom Tryforos, Eliot Wadsworth, Ramsey Walker e Steve Wallman. Agradecimentos especiais a David Wargo, que ofereceu apoio adicional para os capítulos sobre a TCI e a Capital Cities.

Agradeço ao meu pai, Nick Thorndike, por suas leituras atentas e seus *insights*, e aos meus filhos maravilhosos, Charlotte e Nicholas, por sua paciência com este projeto, pelas distrações bem-vindas em momentos críticos ao longo do caminho e pela sabedoria ocasional muito acima da média para a sua idade. Também me beneficiei da assistência de pesquisa inicial de Elizabeth e Amory Thorndike.

Faço aqui um agradecimento especial a Charlie Munger, o inimitável sócio de Warren Buffett, pelo seu incentivo nas fases iniciais deste projeto e por seus comentários perspicazes, sobretudo em relação aos capítulos sobre Teledyne, Capital Cities, Washington Post e General Dynamics.

Um agradecimento especial também a Denise Ahern, minha assistente imperturbável e onicompetente, pelo seu auxílio e apoio (e paciência) excepcionais nos últimos quase nove anos.

Obrigado também a Charlotte MacDonald por todo seu excelente apoio ao longo dos anos.

Meu agente, David Miller, foi uma fonte constante de *insights* e perspectiva durante todo o projeto.

Meus editores, Jeff Kehoe e Allison Peter, e sua equipe da Harvard Business Review Press fizeram um excelente trabalho, guiando e orientando o manuscrito e seu autor inexperiente pelas etapas do processo editorial.

Por fim, agradeço a Genie, minha indispensável editora "interna" (e esposa), por suas leituras inestimáveis, rigorosas e instigantes do manuscrito em suas diversas fases da vida e por seu apoio incontestável ao longo de muitos anos.

É evidente que todos os erros são meus, mas a sabedoria e o apoio desse grupo melhoraram incomensuravelmente o produto. Obrigado, obrigado.

Prefácio: Singletonlândia

> É quase impossível pagar demais a um CEO verdadeiramente extraordinário... mas a espécie é rara.
>
> —*Warren Buffett*

> Você é o que seu histórico diz que é.
>
> —*Bill Parcells*

> O sucesso deixa rastros.
>
> —*John Templeton*

Quem é o maior CEO dos últimos 50 anos?

Se você pensa como a maioria das pessoas, é muito provável que tenha respondido "Jack Welch", e é fácil entender por quê. Welch comandou a General Electric, uma das empresas mais icônicas dos Estados Unidos, por 20 anos, de 1981 a 2001. Os acionistas da GE prosperaram muito durante a gestão de Welch, com um retorno anual composto de *20,9%*. Se você tivesse investido US$ 1 em ações da GE quando Welch se tornou CEO, esse dólar valeria extraordinários *US$ 48* quando ele passou as rédeas a seu sucessor, Jeff Immelt.

Welch era ao mesmo tempo um gestor muito ativo e um magistral embaixador corporativo. Sua capacidade peripatética era lendária: ele viajava constantemente para visitar as longínquas operações da GE, era incansável no trabalho de classificar e avaliar os gestores e de redistribuí-los entre as unidades de negócios, além de desenvolver iniciativas estratégicas em nível corporativo com nomes exóticos como "Six Sigma" e "TQM". Welch tinha uma personalidade animada e combativa e gostava de interagir com Wall Street e com a imprensa especializada. Ele ficava muito à vontade sob os holofotes e, durante a sua administração na GE, aparecia frequentemente na capa da revista *Fortune*. Desde sua aposentadoria, Welch permaneceu nas manchetes com pronunciamentos controversos ocasionais sobre diversos tópicos de negócios, incluindo o desempenho de seu sucessor. Ele também escreveu dois livros em que oferecia conselhos sobre gestão com títulos tipicamente combativos, como *Straight from the gut* ("Sem rodeios", em tradução livre).

Com essa combinação de notoriedade e excelentes retornos, Welch tornou-se o padrão-ouro do desempenho dos CEOs. Ele exemplifica uma abordagem específica de gestão, que enfatiza a supervisão ativa das operações, a comunicação regular com Wall Street e um foco intenso no preço das ações. Mas será que ele foi mesmo o maior executivo-chefe dos últimos 50 anos?

A resposta é um enfático "não".

Para entender por que, é importante começar oferecendo uma maneira nova e mais precisa de mensurar a capacidade de um CEO: assim como os atletas profissionais, os CEOs competem em um campo altamente quantitativo, mas no qual não existe uma métrica única e amplamente aceita para medir seu desempenho. Não há um equivalente à média de corridas limpas para arremessadores de beisebol, nem a taxa de complicações para cirurgiões ou gols frente à média para goleiros de hóquei. A imprensa especializada não tenta identificar de forma rigorosa quais CEOs tiveram o melhor desempenho.

Em vez disso, os jornalistas geralmente se concentram nas maiores e mais conhecidas empresas, a lista *Fortune* 100, e é por isso que os executivos dessas empresas são figurinhas carimbadas nas capas das principais revistas de negócios. A métrica em que a imprensa normalmente se concentra é o crescimento das receitas e dos lucros. Mas é o aumento no *valor por ação* da empresa, e não o crescimento das vendas, do lucro ou do número de funcionários, que representa o melhor barômetro de grandeza de um CEO. É como se a *Sports Illustrated* colocasse apenas os arremessadores mais altos e os goleiros mais largos na capa da revista.

Ao avaliar o desempenho, o que importa não é a taxa absoluta de retorno e sim o retorno em relação aos pares e ao mercado. Na verdade, você só precisa saber três coisas para avaliar a grandeza de um CEO: o retorno anual composto para os acionistas durante a sua gestão e o retorno durante o mesmo período para empresas semelhantes e para o mercado em geral (normalmente medido pelo S&P 500).

O contexto importa bastante: os pontos inicial e final podem ter um impacto enorme, e o período de Welch coincidiu quase exatamente com o épico mercado altista que começou no final de 1982 e continuou quase ininterrupto até o início de 2000. Durante esse período incrível, o índice S&P teve retorno médio anual de 14%, mais ou menos o dobro da sua média de longo prazo. Uma coisa é obter um retorno de 20% em um período como esse, outra muito diferente é gerá-lo durante um período que inclui vários mercados baixistas severos.

Uma analogia com o beisebol ajuda a explicar essa ideia. Na era saturada de esteroides de meados ao final da década de 1990, 29 *home runs* representavam um nível de produção bastante medíocre no ataque (os líderes consistentemente ultrapassavam a marca de 60). Quando Babe Ruth rebateu 29 *home runs* em 1919, no entanto, ele quebrou o recorde anterior (estabelecido em 1884) e mudou o beisebol para sempre, inaugurando o jogo moderno, voltado para a força. Mais uma vez, o contexto importa.

O outro elemento importante para avaliar o histórico de um CEO é o desempenho em relação aos pares, e a melhor maneira de avaliar isso é comparar o CEO com um amplo universo de pares. Como no jogo de *bridge* duplicado, as empresas que competem em um setor geralmente recebem mãos semelhantes, e as diferenças a longo prazo entre elas, portanto, são mais um fator de capacidade de gestão do que forças externas.

Vejamos um exemplo do setor de mineração. É quase impossível comparar o desempenho de um CEO de uma empresa de mineração de ouro em 2011, quando os preços desse minério ultrapassaram US$ 1.900 por onça (US$ 67 por grama), com o de um executivo que operava em 2000, quando os preços pairavam em torno de US$ 400 por onça (US$ 14 por grama). Os CEOs da indústria do ouro não conseguem controlar o preço da *commodity* básica. Eles devem simplesmente fazer o melhor trabalho para os acionistas com a mão que o mercado lhes deu. Ao avaliar o desempenho, o método mais útil é comparar CEOs com outros executivos que operam nas mesmas condições.

Quando um CEO gera retornos significativamente melhores do que seus pares e o mercado, ele merece ser chamado de "grande", e por essa definição é inegável que Welch, cujo desempenho superou o S&P em 3,3 vezes enquanto administrava a GE, foi um grande CEO.

Mas ele não estava sequer no mesmo CEP de Henry Singleton.

. . .

Conhecido hoje apenas por um pequeno grupo de investidores e entendidos, Henry Singleton foi um homem sensacional, com um currículo incomum para um CEO. Um matemático de classe mundial que gostava de jogar xadrez com os olhos vendados, ele programou o primeiro computador do MIT enquanto fazia doutorado em engenharia elétrica. Durante a Segunda Guerra Mundial, desenvolveu uma tecnologia de "desmagnetização" que permitia aos navios aliados evitar a detecção de radar, e na década de 1950 criou um sistema de navegação inercial ainda em uso na maioria das aeronaves militares e comerciais. Tudo isso antes de fundar um conglomerado, a Teledyne, no início dos anos 1960 e se tornar um dos maiores CEOs da história.

Os conglomerados representavam as ações da internet da década de 1960, quando um grande número deles abriu seu capital. Singleton, no entanto, dirigia um conglomerado bastante incomum. Muito antes de se tornar popular, ele recomprava proativamente suas ações, e acabou por comprar mais de *90%* das ações da Teledyne; evitava dividendos, enfatizava o fluxo de caixa em relação ao lucro divulgado, administrava uma organização celebremente descentralizada e nunca desdobrou as ações da empresa, que durante grande parte das décadas de 1970 e 1980 tinham os maiores preços na Bolsa de Valores de Nova York (NYSE). Singleton era conhecido como "a Esfinge" por sua relutância em falar com analistas ou jornalistas, e jamais foi capa da revista *Fortune*.

Singleton era um iconoclasta, e o caminho peculiar que escolheu trilhar suscitou muitos comentários e consternação em Wall Street e no jornalismo econômico. Acontece que ele estava certo em ignorar os céticos. Os retornos a longo prazo de seus pares mais famosos geralmente eram medíocres, com uma média de apenas 11% ao ano, um pouco acima do S&P 500.

Singleton, por outro lado, administrou a Teledyne por quase 30 anos, e o retorno anual composto para seus investidores foi de extraordinários *20,4%.* Se você tivesse investido US$ 1 com Singleton em 1963, em 1990, quando ele se aposentou da presidência em meio a um severo mercado baixista, teria *US$ 180.* Esse mesmo dólar investido em um amplo grupo de conglomerados valeria apenas US$ 27, e US$ 15 se investido no S&P 500. Incrivelmente, Singleton superou o índice em *mais de 12 vezes.*

Pela nossa definição de sucesso, Singleton foi um CEO maior do que Jack Welch. Seus números são muito melhores: não apenas seus retornos por ação foram maiores em relação ao mercado e a seus pares, como ele os sustentou por um período mais longo (28 anos contra os 20 de Welch) e em um ambiente de mercado que passou por vários mercados baixistas prolongados.

Seu sucesso não veio do fato da Teledyne possuir um negócio exclusivo e de rápido crescimento. Pelo contrário, muito do que diferenciava Singleton de seus pares estava em seu domínio de uma área crucial, mas um tanto misteriosa: a *alocação de capital*, o processo de decidir como empregar os recursos da empresa para obter o melhor retorno possível para os acionistas. Assim, vamos dedicar um minuto a explicar o que é alocação de capital, por que é tão importante e por que tão poucos CEOs são realmente bons nisso.

. . .

Os CEOs precisam fazer duas coisas bem para terem sucesso: administrar suas operações com eficiência e distribuir o caixa gerado por elas. A maioria dos CEOs (e dos livros de gestão que eles escrevem ou leem) se concentram na gestão das operações. Sem dúvida nenhuma, é uma questão importante. Singleton, por outro lado, dedicava a maior parte de sua atenção à segunda tarefa.

Basicamente, os CEOs têm cinco opções essenciais para aplicar o capital a seu dispor — investir nas operações existentes, adquirir outros negócios, distribuir dividendos, saldar dívidas ou recomprar ações — e três alternativas para levantá-lo — aproveitar o fluxo de caixa interno, lançar títulos de dívida ou emitir ações. Pense nessas opções como uma caixa de ferramentas. A longo prazo, os retornos para os acionistas serão determinados em grande parte pelas decisões que o CEO toma ao escolher quais ferramentas utilizar (e quais evitar), entre diversas opções. Em outras palavras, duas empresas com resultados operacionais idênticos e abordagens diferentes à alocação de capital obterão dois resultados muito diferentes para os acionistas a longo prazo.

Basicamente, alocação de capital é investimento e, por consequência, todos os CEOs são alocadores de capital e investidores. Na verdade, essa função talvez seja a responsabilidade mais importante de todo CEO. Apesar de sua importância, no entanto, *não há cursos sobre alocação de capital nas grandes escolas de negócios.* Como observou Warren Buffett, pouquíssimos CEOs chegam preparados para essa tarefa crítica:

> *Os diretores de muitas empresas não estão capacitados para alocação de capital. Sua inadequação não surpreende. A maioria dos chefes chegou aonde está porque se destacou em áreas como* marketing, *produção, engenharia, administração ou, às vezes, política institucional. Depois que se tornam CEOs, precisam tomar decisões sobre alocação de capital, um trabalho crucial que talvez nunca tenham enfrentado e que não é facilmente dominado. Forçando um pouco a barra, é como se o passo final de um músico muito talentoso não fosse se apresentar no Carnegie Hall, e sim ser escolhido presidente do Banco Central.*[1]

Essa inexperiência tem um impacto direto e significativo nos retornos para os investidores. Para enfatizar o impacto potencial dessa lacuna nas habilidades dos executivos, Buffett ressalta que "após 10 anos no cargo, um CEO cuja empresa retém ganhos iguais a 10% do patrimônio líquido todos os anos terá sido responsável pela utilização de mais de 60% de todo o capital aplicado no negócio".[2]

Singleton era um mestre da alocação de capital, e suas decisões ao navegar entre as diversas alternativas de alocação diferiam significativamente das decisões que seus pares estavam tomando e tiveram um impacto positivo enorme nos retornos de longo prazo para os acionistas. Mais especificamente, Singleton concentrou o capital da Teledyne em aquisições seletivas e em uma série de grandes recompras de ações. Ele era parcimonioso na emissão de ações, fazia uso frequente do endividamento e não distribuiu dividendos até o final dos anos 1980. Em contraste, os outros conglomerados adotaram uma estratégia de alocação inversa: emitiam ativamente ações para comprar empresas, distribuíam dividendos, evitavam recompras de ações e, de modo geral, usavam menos endividamento. Em suma, elas utilizavam um conjunto diferente de ferramentas e obtinham resultados muito diferentes.

Se você pensar na alocação de capital de forma mais ampla como alocação de recursos e incluir a utilização de recursos humanos, verá mais uma vez que Singleton tinha uma abordagem altamente diferenciada. Mais especificamente, ele acreditava numa forma extrema de descentralização organizacional, com uma equipe corporativa minúscula e com poucas camadas hierárquicas na sede, e em concentrar a responsabilidade e autoridade operacionais nos gerentes gerais das unidades de negócios. Era muito diferente da abordagem de seus pares, que normalmente tinham equipes complexas na sede, repletas de vice-presidentes e MBAs.

Acontece que os CEOs mais extraordinários dos últimos 50 anos, os realmente grandes, compartilham dessa habilidade na alocação de recursos. Na verdade, sua abordagem era misteriosamente semelhante à de Singleton.

. . .

Em 1988, Warren Buffett escreveu um artigo sobre investidores que compartilhavam uma combinação de excelentes históricos com a devoção aos princípios de investimento em valor, de Benjamin Graham e David Dodd, os lendários professores da Columbia Business School. A estratégia de investimento heterodoxa de Graham e Dodd defendia a compra de empresas negociadas com descontos significativos em relação a avaliações conservadoras do valor dos seus ativos líquidos.

Para ilustrar a forte correlação entre retornos extraordinários sobre investimentos e os princípios de Graham e Dodd, Buffett usou a analogia de um concurso nacional de cara ou coroa no qual 225 milhões de norte-americanos, uma vez por dia, apostam um dólar por partida. A cada dia, os perdedores desistem e as apostas aumentam, pois todos os ganhos anteriores são apostados nas jogadas do dia seguinte. Após 20 dias, restam 215 pessoas, cada uma das quais ganhou pouco mais de US$ 1 milhão. Buffett observa que o resultado é puramente fruto do acaso e que 225 milhões de orangotangos teriam produzido o mesmo resultado. A seguir, ele apresenta uma reviravolta interessante:

> *Se você descobrisse, no entanto, que 40 deles vieram de um zoológico específico em Omaha, teria certeza de que estava prestes a descobrir alguma coisa. [...] A pesquisa científica segue naturalmente esse padrão. Se estivesse tentando analisar as*

> *possíveis causas de um tipo raro de câncer e descobrisse que 400 casos ocorreram numa cidadezinha de Montana com forte presença da mineração, você ficaria muito interessado na água de lá, na profissão dos pacientes ou em outras variáveis. Acho que você verá que um número desproporcional de campeões do cara ou coroa no mundo dos investimentos veio de um vilarejo intelectual que poderia se chamar Graham-and-Doddsville.*[3]

Se, como escreveu a historiadora Laurel Ulrich, mulheres bem-comportadas raramente fazem história, talvez possamos concluir que CEOs tradicionais quase nunca têm vitórias avassaladoras sobre o mercado ou seus pares. Como no mundo dos investimentos, são raros os jogadores de cara ou coroa extraordinários na administração, e se você os listasse, não por acaso, descobriria que também eram iconoclastas.

Esses astros da gestão, cujos perfis se encontram neste livro, administravam empresas em mercados em crescimento e em declínio, em setores bastante diversos entre si, como indústria, mídia, defesa, bens de consumo e serviços financeiros. Suas empresas variavam muito em termos de tamanho e maturidade. Nenhum tinha conceitos de varejo fáceis de reproduzir ou vantagens de propriedade intelectual em relação a seus pares, mas os superaram por largas margens.

Assim como Singleton, eles desenvolveram abordagens únicas e marcadamente diferentes para seus negócios, o que em geral atraía muitos comentários e questionamentos de seus pares e dos jornalistas de economia e negócios. Ainda mais interessante, acontece que, embora tenham desenvolvido esses princípios de forma independente, eles eram iconoclastas de maneiras *praticamente idênticas*. Em outras palavras, parecia haver um padrão em sua iconoclastia, um plano em potencial para o sucesso, altamente correlacionado com retornos extraordinários.

Eles pareciam operar em um universo paralelo, definido pela devoção a um conjunto compartilhado de princípios, uma *visão de mundo*, que lhes conferia cidadania em um minúsculo vilarejo intelectual. Vamos chamá-lo de Singletonlândia, um grupo muito seleto de homens e mulheres que entenderam, entre outras coisas, que:

- A alocação de capital é o trabalho mais importante do CEO.
- O que conta a longo prazo é o aumento no *valor por ação*, não o crescimento ou tamanho geral.
- O fluxo de caixa, não o lucro divulgado, é o que determina o valor a longo prazo.
- Organizações descentralizadas liberam energia empreendedora e contêm os custos e o "rancor".
- O pensamento independente é essencial para o sucesso a longo prazo, e as interações com consultores externos (Wall Street, imprensa, etc.) podem ser distrações e consumir tempo.
- Às vezes, a melhor oportunidade de investimento é sua própria ação.
- Com as aquisições, a paciência é uma virtude... assim como a ousadia ocasional.

Curiosamente, em muitos casos, sua iconoclastia era reforçada pela geografia. Na maioria das vezes, suas operações estavam localizadas em cidades como Denver, Omaha, Los Angeles, Alexandria, Washington e St. Louis, distantes do epicentro financeiro do corredor Boston/Nova York. Essa distância ajudava a isolá-los da cacofonia da sabedoria convencional de Wall Street.

(Os dois CEOs que tinham escritórios no nordeste dos Estados Unidos compartilhavam dessa predileção por locais discretos — o escritório de Dick Smith ficava nos fundos de um *shopping center* suburbano; o de Tom Murphy, numa antiga residência no centro de Manhattan, a 60 quarteirões de Wall Street.)

Os residentes de Singletonlândia, nossos CEOs *outsiders*, também compartilhavam um conjunto interessante de características pessoais: geralmente eram frugais (muitas vezes, de uma frugalidade lendária) e humildes, analíticos e discretos. Eram dedicados à família e com frequência saíam mais cedo do escritório para participar de eventos escolares. Normalmente, não gostavam de lidar com públicos externos. Não faziam discursos na Câmara de Comércio e não compareciam a Davos. Raramente apareciam nas capas de revistas de negócios e não escreviam livros sobre a sua filosofia de administração. Não eram líderes de torcida, marqueteiros ou puxa-sacos e não exalavam carisma.

Eram muito diferentes de CEOs que atraem alta publicidade, gente como Steve Jobs ou Sam Walton ou Herb Kelleher, da Southwest Airlines, ou Mark Zuckerberg. Esses gênios são os Isaac Newtons dos negócios, atingidos pela maçã de ideias extremamente poderosas que então executaram com foco e determinação maníacos. Suas situações e circunstâncias, no entanto, estão longe de serem semelhantes (assim como as lições de suas carreiras estão longe de serem transferíveis) às da grande maioria dos executivos.

Os CEOs *outsiders* não tinham nem o carisma de Walton e Kelleher nem o gênio técnico ou de *marketing* de Jobs ou Zuckerberg. Na verdade, suas circunstâncias eram muito parecidas com as de um típico executivo norte-americano. Seus retornos, no entanto, foram tudo, menos banais. Como mostram as Figuras P-1 e P-2, em média, seu desempenho superou o S&P 500

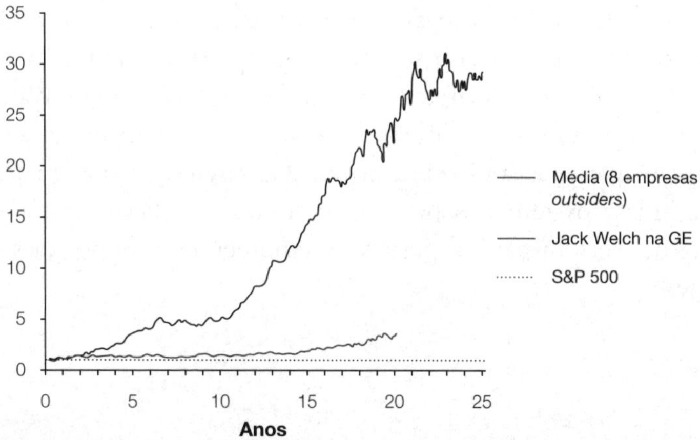

FIGURA P-1
Múltiplo do retorno total do S&P 500.

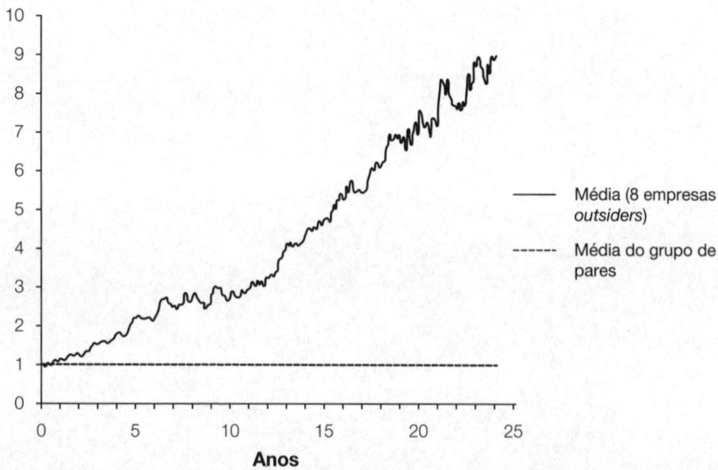

FIGURA P-2
Múltiplo do retorno total do grupo de pares.

em *mais de 20 vezes* e o de seus pares em *mais de sete vezes* — e nosso foco será descobrir como esses retornos foram alcançados. Como sugeriu Garganta Profunda, o informante de Watergate, "seguiremos o dinheiro": analisaremos cuidadosamente as principais decisões que esses CEOs *outsiders* tomaram para maximizar os retornos para os acionistas e as lições que essas decisões trazem para os gestores e empreendedores dos dias de hoje.

Sumário

Introdução

Uma iconoclastia inteligente

> É impossível produzir um desempenho superior a menos que você faça algo diferente.
>
> —*John Templeton*

Atul Gawande, da revista *New Yorker*, usa o termo *divergente positivo* para descrever pessoas com desempenho excepcionalmente eficaz no campo da medicina. Para Gawande, é natural que estudemos essas pessoas fora de série para aprender com elas e melhorar o nosso desempenho.[1]

Surpreendentemente, nos negócios, os melhores não são estudados de forma tão detalhada quanto em outros campos, como medicina, direito, política ou esportes. Após estudar Henry Singleton, comecei, com a ajuda de um talentoso grupo de alunos de MBA de Harvard, a procurar outros casos em que uma empresa superara por larga margem seus pares e Jack Welch (em termos de desempenho relativo do mercado). Descobri, como sugere a citação de Warren Buffett no Prefácio, que essas empresas (e esses CEOs) eram raras como dentes em galinha. Após uma ampla pesquisa nos bancos de dados da Baker Library da Harvard Business School, encontramos apenas outros sete exemplos que passaram nesses dois testes.

Curiosamente, assim como a Teledyne, essas empresas não eram famosas. Nem seus CEOs, apesar da enorme diferença entre seu desempenho e o de muitos dos executivos-chefes de alta visibilidade.

. . .

A imprensa retrata o CEO contemporâneo e bem-sucedido, do qual Welch é um exemplo arquetípico, como um líder carismático e voltado para a ação, que trabalha em um edifício envidraçado, cercado por um exército de MBAs esforçados como ele próprio. Esse CEO viaja no jato da empresa e passa a maior parte do tempo em visitas às operações, em reuniões com analistas de Wall Street e em conferências. A analogia com *astro do rock* é usada com frequência para descrever esses executivos ágeis e velozes, quase sempre recrutados para seus cargos após buscas que recebem grande cobertura da mídia, e geralmente vêm de altos cargos executivos em empresas conhecidas.

Desde o colapso da Lehman Brothers, em setembro de 2008, essa espécie de executivo-chefe celebridade se tornou, compreensivelmente, o vilão da história. Em geral, são considerados gananciosos (até trapaceiros) e impiedosos quando voam em aviões particulares, demitem trabalhadores e fecham grandes negócios que muitas vezes destroem valor para os acionistas. Em suma, são vistos como muito parecidos com Donald Trump em *The Apprentice*. Nesse *reality show*, Trump não tenta esconder que é avarento, arrogante e dado à autopromoção. Não segue exatamente os valores de Benjamin Franklin.

Os moradores de Singletonlândia, no entanto, representam uma resposta muito bem-vinda a esse estereótipo. Todos eram CEOs de primeira viagem, a maioria com pouca experiência prévia em gestão. Ninguém saiu de um cargo de destaque para aceitar o emprego e todos, exceto um, eram novatos em seus setores e empresas. Apenas dois tinham MBAs. Como grupo, não atraíam nem buscavam os holofotes. Em vez disso, trabalhavam discretamente e eram valorizados apenas por um punhado de investidores e aficionados sofisticados.

Como grupo, compartilhavam valores antiquados e pré-modernos, incluindo frugalidade, humildade, independência e uma combinação inusitada de conservadorismo e ousadia. Normalmente trabalhavam em escritórios espartanos (dos quais tinham grande orgulho), geralmente evitavam regalias como aviões particulares, fugiam dos holofotes sempre que possível e quase nunca se comunicavam com Wall Street ou com a imprensa de negócios. Também evitavam banqueiros e outros consultores, preferindo seguir suas próprias ideias e as opiniões de um grupo seleto ao seu redor. Ben Franklin teria gostado desses caras.

Esse grupo de homens (e uma mulher) de meia-idade tinham casamentos felizes e levavam vidas aparentemente desinteressantes, equilibradas e discretamente filantrópicas, mas em suas vidas profissionais não eram nem convencionais nem complacentes. Eram divergentes positivos e profundamente iconoclastas.

A palavra *iconoclasta* é derivada do grego e significa "destruidor de ícones". O termo evoluiu para ter o significado mais geral de alguém que é decididamente diferente, orgulhoso da própria excentricidade. Os iconoclastas originais vieram de fora das sociedades (e templos) onde residiam os ícones; eles questionavam as normas e as convenções sociais e eram muito temidos na Grécia Antiga. Os CEOs descritos neste livro não assustavam como eles, mas compartilhavam semelhanças interessantes com seus antepassados da Antiguidade: também eram *outsiders*, desprezavam as abordagens tradicionais (como distribuir dividendos ou evitar recompras de ações) e se deliciavam com a própria heterodoxia.

Assim como Singleton, esses CEOs sempre tomavam decisões muito diferentes das de seus pares. Não eram, no entanto, cegamente contestadores. Eles tinham uma *iconoclastia* inteligente, embasada por uma análise cuidadosa e muitas vezes expressa em métricas financeiras incomuns, nitidamente diferentes das convenções do setor ou de Wall Street.

Dessa forma, sua iconoclastia era semelhante à de Billy Beane, conforme descrito por Michael Lewis em *Moneyball*.[2] Beane, gerente-geral do time de beisebol Oakland A's, sempre com orçamento apertado, usou a análise estatística para obter uma vantagem sobre seus concorrentes mais endinheirados. Sua abordagem se concentrava em novas métricas — porcentagens de bases alcançadas e de aproveitamento do rebatedor — mais bem correlacionadas com a porcentagem de vitórias da equipe do que a tradicional trinca estatística de *home runs*, média de rebatidas e corridas impulsionadas.

Os *insights* analíticos de Beane influenciavam todos os aspectos da administração dos A's, desde as escolhas no *draft* e estratégias de trocas até se os jogadores deviam ou não roubar bases ou usar *bunts* de sacrifício durante os jogos (não, em ambos os casos). Sua abordagem em todas essas áreas foi altamente heterodoxa, mas também altamente bem-sucedida, e sua equipe, apesar de ter a segunda menor folha de pagamento da liga, chegou aos *playoffs* em quatro de seus primeiros seis anos no cargo.

Assim como Beane, Singleton e esses outros sete executivos desenvolveram abordagens únicas e iconoclastas para seus negócios, que atraíam muitos comentários e questionamentos de seus pares e do jornalismo de negócios. E, como os de Beane, seus resultados foram excepcionais, superando de longe o lendário Jack Welch e os colegas em seus setores.

Eles tinham diversas origens: um astronauta que orbitara a Lua, uma viúva sem experiência anterior em negócios, o herdeiro de uma empresa familiar, dois doutorados em áreas altamente quantitativas, um investidor que nunca dirigira uma empresa antes. Todos, no entanto, eram novatos na função de CEO e compartilhavam algumas características importantes, incluindo um olhar novo e um comprometimento profundo com a racionalidade.

Isaiah Berlin, num famoso ensaio sobre Leon Tolstói, apresentou o contraste instrutivo entre a "raposa", que sabe muitas coisas, e o "ouriço", que sabe muito bem apenas uma coisa. A maioria dos CEOs são ouriços: eles crescem em um setor e, quando são escolhidos para o cargo principal, o conhecem de ponta a ponta. Muitos atributos positivos estão associados ao ouriço, incluindo experiência, especialização e foco.

As raposas, no entanto, também têm muitas qualidades atraentes, incluindo a capacidade de estabelecer conexões entre campos diferentes e inovar, e os CEOs deste livro claramente eram raposas. Estavam familiarizados com outras empresas, outros setores e outras disciplinas, e essa amplitude se traduzia em novas perspectivas, o que, por sua vez, os ajudou a desenvolver novas abordagens que acabaram se traduzindo em resultados excepcionais.

. . .

No relatório anual da Berkshire Hathaway de 1986, Warren Buffett relembrou seus primeiros 25 anos como CEO e concluiu que a lição mais importante e surpreendente de sua carreira até então fora a descoberta de uma força misteriosa, o equivalente corporativo da pressão dos pares adolescentes, que impelia os CEOs a imitarem as ações de seus colegas. Ele apelidou essa força poderosa de *imperativo institucional* e observou que era quase onipresente. Buffett alertava que CEOs eficazes precisavam encontrar uma maneira de não dar ouvidos a ela.

Todos os CEOs deste livro conseguiram evitar a influência traiçoeira desse poderoso imperativo. Como? Eles encontraram um antídoto em uma filosofia de gestão compartilhada, uma *visão de mundo* que permeava suas organizações e culturas e guiava suas decisões operacionais e de alocação de capital. Embora tenham adotado suas filosofias de gestão de forma independente, o que chama a atenção é a semelhança notável dos ingredientes entre esse grupo de executivos, apesar da grande variedade de setores e circunstâncias em que atuaram.

Cada um administrou uma organização altamente descentralizada; fez pelo menos uma aquisição de muito grande porte; desenvolveu métricas fora do comum baseadas no fluxo de caixa; e recomprou uma quantidade significativa de ações. Nenhum distribuiu dividendos significativos nem forneceu projeções para Wall Street. Todos receberam a mesma combinação de escárnio, admiração e ceticismo de seus pares e da imprensa especializada. Todos também tiveram desempenho estupendo, quase inacreditável, durante períodos bastante longos (mais de 20 anos em média).

O mundo dos negócios tradicionalmente se divide em dois campos básicos: os que dirigem empresas e os que investem nelas. As lições desses CEOs iconoclastas sugerem uma nova concepção mais matizada do trabalho do diretor executivo, com menos ênfase na liderança carismática e mais na utilização cuidadosa dos recursos da empresa.

Em última análise, esses CEOs pensavam mais como investidores do que como gestores. Fundamentalmente, confiavam em suas próprias habilidades analíticas e, nas raras ocasiões em que enxergavam discrepâncias intrigantes entre valor e preço, estavam preparados para agir com ousadia. Quando suas ações estavam baratas, as compravam (geralmente em grandes quantidades) e quando estavam caras, as usavam para comprar outras empresas ou levantar capital barato para financiar o crescimento futuro. Se não conseguiam identificar projetos interessantes, sabiam muito bem como esperar, às vezes por períodos muito longos (toda uma década, no caso de Dick Smith, da General Cinema). A longo prazo, essa mistura sistemática e metódica de comprar na baixa e vender na alta produziu retornos excepcionais para os acionistas.

Essa reformulação do trabalho do CEO nasceu de experiências compartilhadas (e incomuns). Todos esses CEOs eram *outsiders*. Nenhum havia sido executivo-chefe antes (metade ainda não tinha 40 anos quando assumiu o cargo) e todos, exceto um, eram novatos em seus setores. Eles não estavam presos a experiências prévias ou às convenções do setor, e seus históricos coletivos mostram o enorme poder de ver o mundo com novos olhos. Essa perspectiva descansada e enérgica é um catalisador milenar da inovação em muitos campos. Na ciência, Thomas Kuhn, inventor do conceito de *mudança de paradigma*, descobriu que as maiores descobertas eram quase sempre fruto do trabalho dos recém-chegados e dos muito jovens (pense em Ben Franklin, um ex-impressor de meia-idade, que domou os raios; ou em Einstein, o examinador de patentes de 27 anos, que derivou $E = mc^2$).

Essa perspectiva de *outsider*, parecida com a da raposa, ajudou esses executivos a desenvolver abordagens diferenciadas e fundamentou toda a sua filosofia de gestão. Como grupo, eram profundamente independentes, em geral evitavam as comunicações com Wall Street, desprezavam o uso de assessores e preferiam estruturas organizacionais descentralizadas que criavam filtros internos para atrair e reter outros pensadores independentes.

Um espelho distante: 1974–1982

Ao avaliar a relevância atual desses CEOs *outsiders*, vale a pena observar como cada um deles atravessou o período pós--Segunda Guerra Mundial que mais se parece com o mal-estar econômico prolongado da atualidade: o período brutal entre 1974 e 1982.

Esse período contou com uma combinação tóxica do choque externo do petróleo, políticas fiscais e monetárias desastrosas e o pior escândalo político doméstico da história dos Estados Unidos. Esse coquetel de más notícias produziu um período de oito anos que combinou uma inflação paralisante, duas recessões profundas (e mercados baixistas), taxas de juros de 18%, aumentos de 200% no preço do petróleo e a primeira renúncia de um presidente dos Estados Unidos em exercício em mais de cem anos. No meio desse período sombrio, em agosto de 1979, a *BusinessWeek* publicou uma famosa reportagem de capa intitulada "As ações estão mortas?".

Os tempos, como agora, eram tão incertos e assustadores que a maioria dos gestores estava de braços cruzados, mas para todos os CEOs *outsiders*, esse foi um dos períodos mais ativos de suas carreiras: *todos* executaram um programa significativo de recompra de ações ou então uma série de grandes aquisições (ou, no caso de Tom Murphy, ambos). Como grupo, eram, nas palavras de Warren Buffett, *muito* "gananciosos", enquanto seus pares estavam profundamente "amedrontados".[a]

[a] Entrevista do autor com Warren Buffett, 24 de julho de 2006.

. . .

Em seu *best-seller* recente, *Fora de série — Outliers*, Malcolm Gladwell apresenta a regra simples de que tornar-se um *expert* em uma ampla variedade de campos exige 10 mil horas de prática.[3] Então, como o sucesso fenomenal desse grupo de CEOs neófitos se encaixa com essa heurística? Certamente, nenhum deles sequer se aproximava de ter 10 mil horas como gestor quando assumiu o comando de suas respectivas empresas, e talvez seu sucesso aponte para uma importante distinção entre ser *expert* e inovar.

A regra de Gladwell é um guia de como dominar um campo, o que não é necessariamente sinônimo de inovação. Como sugere a citação de John Templeton no início deste capítulo, o desempenho relativo excepcional exige uma nova forma de pensar, e no centro da visão de mundo compartilhada por esses CEOs estava o compromisso com a racionalidade, com analisar os dados e *pensar por si mesmos.*

Esses oito CEOs não eram visionários carismáticos nem se sentiam atraídos por pronunciamentos estratégicos grandiosos. Eram indivíduos práticos e de temperamento agnóstico, que promoviam uma certa simplicidade de foco, uma certa *aspereza* em suas culturas e comunicações, para filtrar sistematicamente o ruído do senso comum. Cientistas e matemáticos costumam falar da clareza "no outro lado" da complexidade, e esses CEOs, todos os quais hábeis em áreas quantitativas (mais deles tinham diplomas de engenharia do que MBAs), tinham tino para a simplicidade, para ignorar o burburinho dos seus pares e da imprensa e se concentrar totalmente nas características econômicas fundamentais de seus negócios.

Em todos os casos, isso levou os CEOs *outsiders* a se concentrarem no fluxo de caixa e a abandonarem a busca cega pelo lucro divulgado, o Santo Graal de Wall Street. A maioria dos CEOs de empresas de capital aberto se concentra em maximizar o lucro líquido trimestral, o que é compreensível, pois é a métrica preferida de Wall Street. O lucro líquido, no entanto, é um instrumento grosseiro contundente e pode ser distorcido significativamente por diferenças nos níveis de endividamento, impostos, despesas de capital e histórico de aquisições.

O resultado é que os *outsiders* (que geralmente tinham balanços complicados, programas de aquisição em andamento e altos níveis de endividamento) acreditavam que o segredo da criação de valor a longo prazo era otimizar o fluxo de caixa livre. Essa ênfase no caixa perpassava todos os aspectos da administração de suas empresas, desde a forma como pagavam por aquisições e gerenciavam seus balanços patrimoniais até suas políticas contábeis e sistemas de remuneração.

Essa obsessão pelo caixa era a base de sua iconoclastia e, invariavelmente, levava a um foco em algumas variáveis específicas, que moldavam a estratégia de cada empresa, no geral em direções totalmente diferentes das de seus pares no setor. Para Henry Singleton nas décadas de 1970 e 1980, foi a recompra de ações; para John Malone, a busca implacável por assinantes de TV a cabo; para Bill Anders, a alienação de negócios não essenciais; para Warren Buffett, a geração e implantação do *float* de seguros.

No centro de sua visão de mundo compartilhada estava a crença de que o objetivo principal de qualquer CEO era otimizar o valor *por ação* a longo prazo, não o crescimento organizacional. Pode parecer um objetivo óbvio; no entanto, no mundo empresarial norte-americano, há um desejo profundamente arraigado de *crescer*. Empresas maiores recebem mais atenção da imprensa; os executivos dessas empresas tendem a ganhar salários mais altos e a serem convidados a ingressar em conselhos e clubes de prestígio. Como resultado, é muito raro ver uma empresa decidir pelo encolhimento. No entanto, quase todos esses CEOs usaram recompras para reduzir significativamente suas bases de ações. A maioria também reduziu suas operações por meio de vendas de ativos ou cisões, e não tinha vergonha de vender (ou fechar) divisões de baixo desempenho. O crescimento, ao que parece, muitas vezes não está correlacionado com a maximização do valor para os acionistas.

Henry Singleton, numa rara entrevista de 1979 para a revista *Forbes*, exemplifica esse foco pragmático no caixa e o espírito de iconoclastia orgulhosa (com uma pitada de aspereza): "Depois de adquirirmos várias empresas, refletimos sobre os negócios. Nossa conclusão foi que o crucial era o fluxo de caixa [...] Nossa atitude em relação à geração de caixa e à gestão de ativos nasceu das nossas próprias ideias". Singleton ainda acrescentou (como se precisasse): "*Não* foi copiado".[4]

1

Uma máquina de retornos em moto-perpétuo

Tom Murphy e a Capital Cities Broadcasting

> Tom Murphy e Dan Burke provavelmente foram a melhor combinação de duas pessoas em gestão que o mundo já viu e talvez jamais verá.
>
> —*Warren Buffett*

Em conversas com turmas de escolas de administração, Warren Buffett costuma comparar a rivalidade entre a empresa de Tom Murphy, a Capital Cities Broadcasting, e a CBS a uma corrida transatlântica entre um barquinho a remo e o navio de cruzeiro *QE2*, a fim de ilustrar o efeito gigantesco que a gestão pode ter nos retornos a longo prazo.

Quando Murphy se tornou CEO da Capital Cities em 1966, a CBS, comandada pelo lendário Bill Paley, era a empresa de comunicação líder do país, com emissoras de rádio e televisão nos maiores mercados norte-americanos, a rede de TV aberta com a maior audiência e ativos valiosos nos setores editoriais e musicais. Em contraste, naquela época a Capital Cities tinha cinco emissoras de TV e quatro de rádio, todas em mercados menores. A capitalização de mercado da CBS era 16 vezes maior que a da Capital Cities. No entanto, quando Murphy vendeu sua empresa para a Disney 30 anos depois, a Capital Cities era *três vezes* mais valiosa que a CBS. Em outras palavras, o barquinho a remo havia vencido. De lavada.

Mas, afinal, como o abismo aparentemente intransponível entre essas duas empresas foi superado? A resposta está em abordagens de gestão fundamentalmente diferentes. A CBS passou grande parte das décadas de 1960 e 1970 aproveitando o enorme fluxo de caixa gerado por suas operações de rádio e TV e financiando um programa agressivo de aquisições que a levou a campos inteiramente novos, incluindo a compra de uma empresa de brinquedos e do time de beisebol New York Yankees. A CBS emitiu ações para financiar algumas dessas aquisições, construiu um edifício comercial histórico no centro de Manhattan a um custo exorbitante, desenvolveu uma estrutura corporativa com 42 presidentes e vice-presidentes e, de modo geral, demonstrou o que Charlie Munger, o sócio de Buffett, chama de "uma indiferença cega frente a custos desnecessários gerada pela própria prosperidade".[1]

A estratégia de Paley na CBS era consistente com o senso comum da era dos conglomerados, que defendia os benefícios esquivos da "diversificação" e da "sinergia" para justificar a aquisição de negócios não relacionados que, uma vez combinados com a empresa-mãe, magicamente se tornariam mais lucrativos e menos suscetíveis ao ciclo econômico. Em sua essência, a estratégia de Paley se concentrava em tornar a CBS maior.

Já o objetivo de Murphy era tornar sua empresa mais valiosa. Conforme ele me explicou: "A meta não é ter o trem mais longo, é chegar primeiro à estação usando menos combustível".[2] Sob o comando de Murphy e de Dan Burke, seu braço direito, a Capital Cities rejeitou a diversificação e, em vez disso, criou um conglomerado inusitadamente simplificado, com um foco extremo nos negócios de mídia que conhecia bem. Murphy adquiriu mais emissoras de rádio e TV, operou-as maravilhosamente bem, recomprou suas ações com regularidade e acabou por adquirir a ABC, a rede de TV rival da CBS. Os resultados relativos falam por si.

A fórmula que permitiu a Murphy ultrapassar o *QE2* de Paley tinha uma simplicidade enganosa: focar em setores com características econômicas atraentes, usar a alavancagem seletivamente para aproveitar oportunidades de comprar grandes empresas, melhorar as operações, saldar as dívidas e repetir. Como Murphy disse sucintamente numa entrevista à *Forbes:* "Fomos comprando ativos quando surgia a oportunidade, alavancando a empresa de forma inteligente, melhorando as operações e então [...] abocanhávamos outra coisa".[3] O interessante, no entanto, é que seus pares de outras empresas de mídia não seguiram esse caminho. Em vez disso, tendiam, como a CBS, a seguir a moda e se diversificar em negócios não relacionados, formar grandes equipes corporativas e pagar caro por propriedades de mídia famosas.

Sob o comando de Murphy, a Capital Cities foi um exemplo extremamente bem-sucedido do que hoje chamaríamos de *roll-up*. Em um *roll-up* típico, uma empresa adquire uma série de negócios, tenta melhorar as operações e, em seguida, parte para mais aquisições, beneficiando-se ao longo do tempo das vantagens de escala e das melhores práticas de gestão. O conceito entrou em voga na segunda metade da década de 1990 e se esgotou no início dos anos 2000, quando muitas das principais empresas entraram em colapso sob o peso do endividamento excessivo. Em geral, essas empresas fracassaram porque adquiriram rápido demais e subestimaram a dificuldade e a importância de integrar as aquisições e melhorar as operações.

A abordagem de Murphy em relação ao *roll-up* era diferente. Ele avançava lentamente, desenvolvia uma experiência operacional de verdade e se concentrava em um pequeno número de grandes aquisições que sabia serem apostas de alta probabilidade de sucesso. Sob Murphy, a Capital Cities combinava excelência de nível incomum tanto nas operações quanto na alocação de capital. Como Murphy me disse, "o negócio dos negócios consiste em muitas decisõezinhas todos os dias misturadas com algumas grandes decisões".

. . .

Tom Murphy nasceu em 1925 no Brooklyn, Nova York. Ele serviu na Marinha durante a Segunda Guerra Mundial, formou-se em Cornell com subsídios da lei apelidada de *GI Bill* e foi membro proeminente da lendária turma de 1949 da Harvard Business School (HBS), que incluía um futuro presidente da Comissão de Valores Mobiliários dos Estados Unidos (SEC) e diversos empreendedores de sucesso e CEOs de empresas da *Fortune* 500. Depois de se formar na HBS, Murphy trabalhou como gerente de produtos para a gigante de bens de consumo embalados Lever Brothers. Ironicamente (já que é abstêmio), sua vida mudou irrevogavelmente quando compareceu a um coquetel de verão em 1954 na casa de seus pais em Schenectady, Nova York. Seu pai, um proeminente juiz local, também convidara Frank Smith, seu amigo de longa data e gerente de negócios do famoso radialista e empreendedor em série Lowell Thomas.

Smith imediatamente entendeu que tipo de homem era Murphy e começou a lhe contar sobre seu mais recente empreendimento: a WTEN, uma emissora de UHF em dificuldades em Albany, no norte do estado, que Smith acabara de comprar após a falência. A estação estava localizada em um antigo convento abandonado e, antes do final da noite, o jovem Murphy concordou em deixar seu prestigioso emprego em Nova York e se mudar para Albany para administrá-la. Ele não tinha experiência em radiodifusão nem, aliás, qualquer tipo de experiência relevante em gestão.

Desde o início, Smith administrava o negócio a partir do seu escritório no centro de Manhattan e deixava as operações do dia a dia quase todas para Murphy. Após alguns anos de prejuízos operacionais, Murphy transformou a estação numa geradora de caixa consistente, graças a melhorias na programação e ao gerenciamento enérgico dos custos, uma fórmula que a empresa aplicaria repetidamente nos anos seguintes. Em 1957, Smith e Murphy compraram uma segunda estação, em Raleigh, Carolina do Norte, esta localizada num antigo sanatório. Após adquirir uma terceira estação, em Providence, Rhode Island, a empresa adotou o nome Capital Cities.

Em 1961, Murphy contratou Dan Burke, um MBA de Harvard de 30 anos, também sem experiência anterior em transmissão, para substituí-lo na estação de Albany. Burke e Murphy se conheceram no final da década de 1950 através de Jim, irmão mais velho de Burke e colega de classe de Murphy na HBS, um jovem executivo em ascensão na Johnson & Johnson (onde viria a se tornar CEO e seria muito elogiado pelo modo como enfrentou a crise do Tylenol em meados dos anos 1980). Dan Burke serviu na Guerra da Coreia e depois ingressou na HBS, onde se formou na turma de 1955. A seguir, foi trabalhar na General Foods como gerente de produtos na divisão Jell-O; em 1961, assinou contrato com a Capital Cities, onde Murphy rapidamente o doutrinou na filosofia operacional enxuta e descentralizada da empresa, que ele viria a exemplificar.

Murphy então se mudou para Nova York para trabalhar com Smith e construir a empresa por meio de aquisições. Nos quatro anos seguintes, sob a direção de Smith e Murphy, a Capital Cities cresceu com a aquisição seletiva de emissoras de rádio e televisão adicionais, até a morte de Smith em 1966.

Após a morte de Smith, Murphy tornou-se CEO (aos 40 anos). A empresa havia encerrado o ano anterior com uma receita de apenas US$ 28 milhões. O primeiro passo de Murphy foi elevar Burke ao cargo de presidente e diretor de operações (COO). Os dois formaram uma parceria excelente, com uma divisão de trabalho muito clara: Burke era responsável pela gestão diária das operações e Murphy pelas aquisições, alocação de capital e interação ocasional com Wall Street. Como Burke me disse, "nosso relacionamento foi construído sobre uma base de respeito mútuo. Eu tinha vontade e disposição para fazer coisas que Murphy não estava interessado em fazer". Burke acreditava que seu "trabalho era criar o fluxo de caixa livre e o de Murphy era gastá-lo".[4] Ele exemplifica o papel central desempenhado neste livro por COOs excepcionalmente fortes, cuja supervisão rigorosa das operações permitia que seus CEOs se concentrassem em questões estratégicas e de alocação de capital de mais longo prazo.

Murphy não demorou muito para deixar sua marca depois que se tornou CEO. Em 1967, comprou a KTRK, emissora afiliada da ABC em Houston, por 22 milhões de dólares — a maior aquisição na história da radiodifusão até então. Em 1968, Murphy adquiriu a Fairchild Communications, uma editora líder no campo de revistas especializadas, por US$ 42 milhões. E em 1970, fez sua maior compra até então com a aquisição da Triangle Communications de Walter Annenberg por US$ 120 milhões. Após a transação da Triangle, a Capital Cities possuía cinco emissoras de VHF, o máximo permitido pela Comissão Federal de Comunicações (FCC) na época.

Em seguida, Murphy voltou sua atenção para os jornais impressos, que, por representarem um setor baseado na publicidade, com margens atraentes e sólidas barreiras competitivas, tinha fortes semelhanças com o setor de radiodifusão. Após adquirir vários pequenos jornais diários no início dos anos 1970, ele comprou o *Fort Worth Telegram* por US$ 75 milhões em 1974 e o *Kansas City Star* por US$ 95 milhões em 1977. Em 1980, em busca de outras oportunidades de crescimento em setores relacionados, adquiriu a Cablecom por US$ 139 milhões e entrou no negócio incipiente da TV a cabo.

Durante o longo mercado baixista de meados da década de 1970 até o início da de 1980, Murphy tornou-se um comprador agressivo das próprias ações, e acabaria por recomprar cerca de 50%, a maior parte com índices preço/lucro (P/L) inferiores a 10%. Em 1984, a FCC relaxou as regras de propriedade de emissoras e, em janeiro de 1986, Murphy, em seu golpe de mestre, comprou a ABC Network e seus ativos de transmissão relacionados (incluindo emissoras de TV nos maiores mercados norte-americanos, em Nova York, Chicago e Los Angeles) por quase US$ 3,5 bilhões, com financiamento de seu amigo Warren Buffett.

A compra da ABC foi a maior transação não relacionada a petróleo e gás natural da história empresarial até aquele momento. Murtphy estava apostando toda a empresa no negócio, pois a compra representava mais de 100% do valor da Capital Cities. A aquisição deixou atônito o mundo da mídia e foi recebida com a manchete *Minnow Swallows Whale* ("peixinho engole baleia") no *Wall Street Journal*. Quando fechou o negócio, Burke disse ao investidor de mídia Gordon Crawford: "Esta é a aquisição para a qual venho treinando a minha vida toda".[5]

A justificativa econômica fundamental para a compra era a convicção de Murphy de que poderia melhorar as margens das emissoras de TV da ABC de menos de 35%, até os níveis líderes do setor atingidos pela Capital Cities (acima de 50%). Sob a supervisão de Burke, a equipe que comandava o grupo de emissoras de TV da ABC encolheu de 60 para 8 pessoas, o número de funcionários na geradora WABC em Nova York foi reduzido de 600 para 400 e a diferença de margem foi fechada em apenas dois anos.

Burke e Murphy não perderam tempo para implementar a abordagem enxuta e descentralizada da Capital Cities. Eles eliminaram imediatamente as regalias desnecessárias, como o elevador executivo e a sala de jantar privativa. Também agiram rapidamente para eliminar cargos redundantes, com 1.500 funcionários demitidos nos primeiros meses após o fechamento da transação. Além disso, consolidaram escritórios e venderam imóveis desnecessários, arrecadando US$ 175 milhões com a venda da sede no centro de Manhattan. Nas palavras de Bob Zelnick, da ABC News: "A partir de meados dos anos 80, paramos de voar na primeira classe".[6]

Uma história dessa época demonstra o choque cultural entre os executivos da ABC e os adquirentes mais enxutos e empreendedores. A ABC (na verdade, toda a indústria de radiodifusão) tinha uma cultura de limusines — uma das regalias mais estimadas pelos executivos do setor era a possibilidade de pegar uma limusine até para almoçar a alguns quarteirões do escritório. Murphy, no entanto, andava de táxi, e desde o primeiro momento chegava a todas as reuniões da ABC assim. Em pouco tempo, a prática se espalhou pelas fileiras dos executivos da ABC, e os valores mais amplos da Capital Cities começaram lentamente a permear a cultura local. Questionado se esse era um caso de liderar pelo exemplo, Murphy respondeu: "Existe algum outro jeito?".

Nos nove anos após a transação, as receitas e os fluxos de caixa cresceram significativamente em todas as principais linhas de negócios da ABC, incluindo as emissoras de TV, os ativos editoriais e a ESPN. Até mesmo a rede, que estava em último lugar na época da aquisição, ficou em primeiro lugar na audiência no horário nobre e passou a ser mais lucrativa do que a CBS ou a NBC.

A Capital Cities nunca fez outra aquisição em grande escala após a transação da ABC, concentrando-se na integração, em aquisições menores e em recompras contínuas de ações. Em 1993, imediatamente após seu 65º aniversário, Burke se aposentou da Capital Cities, o que surpreendeu até Murphy. (Posteriormente, Burke comprou o time de beisebol Portland Sea Dogs, onde supervisionou o renascimento da organização, hoje uma das mais respeitadas nas ligas menores.)

No segundo semestre de 1995, Buffett sugeriu a Murphy que se sentasse com Michael Eisner, CEO da Disney, durante a reunião anual de magnatas da mídia da Allen & Company em Sun Valley, Idaho. Murphy, que tinha 70 anos e nenhum claro sucessor, concordou em se reunir com Eisner, que havia manifestado interesse por comprar a empresa. Durante vários dias, Murphy negociou um preço extraordinário de US$ 19 bilhões para seus acionistas, um múltiplo de 13,5 vezes o fluxo de caixa e 28 vezes o lucro líquido. Murphy assumiu um assento no conselho da Disney e, posteriormente, se aposentou da gestão ativa.

Ele deixou para trás um grupo de acionistas extasiado — se você tivesse investido um dólar com Tom Murphy quando ele se tornou CEO em 1966, seu dólar valeria *US$ 204* quando ele vendeu a empresa para a Disney. É uma taxa interna de retorno de incríveis *19,9%* durante 29 anos, significativamente acima do retorno de 10,1% do S&P 500 e dos 13,2% de um índice das principais empresas de mídia no mesmo período. (O investimento também foi lucrativo para Warren Buffett, gerando um retorno anual composto de mais de *20%* para a Berkshire Hathaway durante um período de investimento de dez anos.) Como mostra a Figura 1-1, em seus 29 anos na Capital Cities,

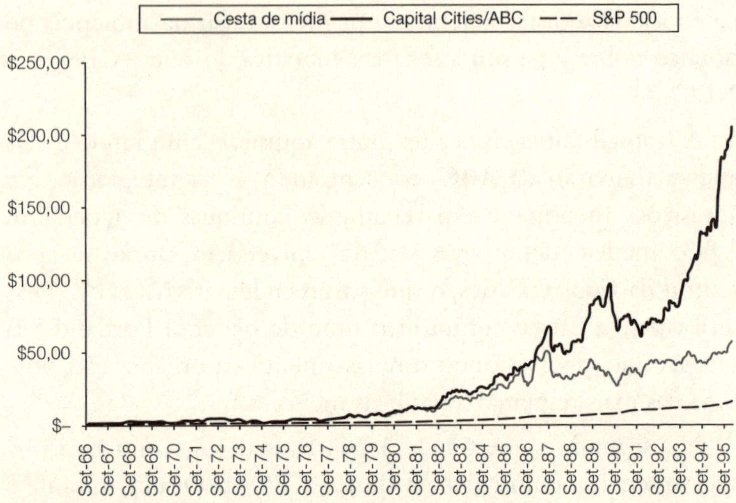

FIGURA 1-1

Desempenho das ações da Capital Cities.

Obs.: A cesta de mídia inclui Taft Communications (setembro de 1966 a abril de 1986), Metromedia (setembro de 1966 a agosto de 1980), Times Mirror (agosto de 1966 a janeiro de 1995), Cox Communications (setembro de 1966 a agosto de 1985), Gannett (março de 1969 a janeiro de 1996), Knight Ridder (agosto de 1969 a janeiro de 1996), Harte-Hanks (fevereiro de 1973 a setembro de 1984) e Dow Jones (dezembro de 1972 a janeiro de 1996).

Murphy superou o S&P em fenomenais *16,7 vezes* e seus pares em quase *quatro vezes*.

Os elementos básicos

Um dos principais temas deste livro é a alocação de recursos.

Há dois tipos básicos de recursos que qualquer CEO precisa alocar: financeiros e humanos. Já abordamos o primeiro. O segundo, no entanto, também é crucialmente importante e, mais uma vez, os CEOs *outsiders* compartilhavam uma abordagem não convencional, que enfatizava organizações achatadas e equipes corporativas enxutas.

Há uma humildade fundamental na descentralização: a admissão de que a sede não tem todas as respostas e que grande parte do valor real é criado pelos gestores no campo. Em nenhuma empresa a descentralização era mais central para os valores corporativos do que na Capital Cities.

A marca registrada da cultura da empresa — autonomia extraordinária para os gerentes operacionais — era enunciada sucintamente em um único parágrafo na segunda capa de todo relatório anual da Capital Cities: "A descentralização é a pedra fundamental da nossa filosofia. Nosso objetivo é contratar as melhores pessoas possíveis e dar a elas a responsabilidade e a autoridade de que precisam para realizar seus trabalhos. Todas as decisões são tomadas em nível local [...]. Esperamos que nossos gestores [...] estejam sempre cientes dos custos e reconheçam e explorem o potencial de vendas".

A equipe da sede era mínima, e seu objetivo principal era apoiar os gerentes-gerais das unidades operacionais. Não havia vice-presidentes em áreas funcionais como marketing, planejamento estratégico ou recursos humanos; não havia uma assessoria jurídica corporativa ou um departamento de relações públicas (a secretária de Murphy atendia todas as ligações da mídia). Na cultura da Capital Cities, os editores e gerentes de emissoras tinham o poder e o prestígio internamente, e Nova York quase nunca os contatava, desde que atingissem suas metas. Era um ambiente que selecionava e promovia gerentes-gerais independentes e empreendedores. A filosofia de recursos humanos que norteava a empresa, repetida insistentemente por Murphy, era "contratar as melhores pessoas possíveis e deixá-las em paz". Como Burke me disse, a abordagem extremamente descentralizada da empresa "reduzia os custos e o rancor".

A cobaia no desenvolvimento dessa filosofia foi o próprio Dan Burke. Em 1961, após assumir o cargo de gerente-geral da WTEN, Burke começou a enviar memorandos semanais para Murphy, como fora treinado para fazer na General Foods. Depois de vários meses sem receber resposta, parou de enviá-los. Burke percebeu que seria melhor gastar seu tempo com as operações locais do que em se reportar à sede. Como contou Burke ao descrever seus primeiros anos em Albany, "Murphy delega até o ponto da anarquia".[7]

A frugalidade também era fundamental para os valores da empresa. Murphy e Burke perceberam logo no princípio que, embora não fosse possível controlar suas receitas em uma emissora de TV, o mesmo não valia para os custos. Eles acreditavam que a melhor defesa contra as variações radicais da receita inerente aos negócios sustentados pela publicidade era a vigilância constante em relação aos custos, que se tornou profundamente enraizada na cultura da empresa.

Na verdade, numa das primeiras e mais repetidas lendas corporativas, Murphy examinava até os gastos da empresa com pintura. Pouco depois de Murphy chegar a Albany, Smith pediu que pintasse o antigo convento em ruínas que abrigava o estúdio para projetar uma imagem mais profissional para os anunciantes. A resposta imediata de Murphy foi pintar os dois lados voltados para a estrada e deixar os outros como estavam ("sempre ciente dos custos"). Uma foto da WTEN ainda está exposta no escritório de Murphy em Nova York.

Murphy e Burke acreditavam que mesmo as menores decisões operacionais, particularmente aquelas relacionadas ao quadro de lotação, poderiam ter custos imprevistos a longo prazo e exigiam vigilância constante. Phil Meek, diretor da divisão editorial, levou essa mensagem a sério e administrava toda a operação de publicação (seis jornais diários, vários grupos de revistas e diversos jornais de ofertas) com apenas três pessoas na sede, incluindo um assistente administrativo.

Burke buscava a eficiência econômica com um zelo que lhe valeu o apelido de "O Cardeal". Para administrar as operações dispersas da empresa, ele desenvolveu um processo orçamentário anual cujo nível de detalhamento era lendário. A cada ano, todos os gerentes-gerais iam a Nova York para longas reuniões orçamentárias. Nessas sessões, a gerência apresentava os orçamentos operacionais e de capital para o ano seguinte, e Burke e seu CFO, Ron Doerfler, os examinavam linha por linha, em detalhes (curiosamente, Burke podia ser tão rígido com o descumprimento das metas de contratação de minorias quanto com os custos excessivos).

As sessões de orçamento não eram *pro forma* e quase sempre produziram mudanças significativas. Dava-se atenção especial aos gastos e despesas de capital. Esperava-se que os gerentes superassem seus pares, e dava-se muita atenção às margens, que Burke via como "uma espécie de boletim escolar". Fora dessas reuniões, os gerentes eram deixados em paz e, às vezes, passavam meses sem notícias da matriz.

No entanto, a empresa não se limitava a implementar cortes para produzir margens altas. A organização também enfatizava o investimento em seus negócios para promover o crescimento a longo prazo. Murphy e Burke percebiam que os principais fatores por trás da lucratividade na maioria de seus negócios eram o crescimento da receita e a participação no mercado de publicidade, e estavam preparados para investir em suas propriedades para garantir a liderança nos mercados locais.

Murphy e Burke perceberam de antemão, por exemplo, que a emissora de TV que era a número um nas notícias locais acabava com uma parcela desproporcional da receita de publicidade do mercado. Como resultado, as emissoras da Capital Cities sempre investiram pesado em talento jornalístico e tecnologia e, incrivelmente, quase todas as suas emissoras lideravam seus respectivos mercados locais. Em outro exemplo, Burke insistiu em gastar substancialmente mais dinheiro para atualizar a gráfica de Fort Worth do que Phil Meek solicitara, pois percebeu a importância da impressão em cores para preservar a posição competitiva de longo prazo do *Telegram*. Como me disse Phil Beuth, um dos primeiros funcionários, "a empresa era cuidadosa, não simplesmente sovina".[8]

As práticas de contratação da empresa eram igualmente pouco convencionais. Sem nenhuma experiência anterior em radiodifusão antes de ingressar na Capital Cities, Murphy e Burke compartilhavam uma clara preferência por inteligência, habilidade e motivação em vez da experiência direta no setor. Eles estavam em busca de raposas jovens e talentosas, com novas perspectivas. Quando fazia uma aquisição ou entrava em um novo setor, a empresa invariavelmente designava um alto executivo da Capital Cities, em geral de uma divisão não relacionada, para supervisionar a nova propriedade. Nesse espírito, Bill James, que dirigia o carro-chefe da divisão de rádio, a WJR de Detroit, foi escolhido para dirigir a divisão de TV a cabo, e John Sias, antes diretor da divisão editorial, assumiu a ABC Network. Nenhum dos dois tinha experiência prévia no setor; ambos produziram excelentes resultados.

Murphy e Burke também se sentiam à vontade para atribuir responsabilidades a jovens gerentes promissores. Como Murphy me descreveu: "Tivemos a sorte de passar por isso nós mesmos e sabíamos que poderia funcionar". Então aos 35 anos, Bill James não tinha experiência em rádio quando assumiu a WJR; Phil Meek saiu da Ford Motor Company aos 32 sem experiência no setor editorial, para comandar a *Pontiac Press*; e Bob Iger tinha 37 anos e passara toda a carreira na transmissão esportiva na TV quando se mudou de Nova York para Hollywood para assumir a responsabilidade pela ABC Entertainment.

A empresa também tinha uma rotatividade excepcionalmente baixa. Como observou certa vez Robert Price, jornalista de uma emissora rival, "sempre recebemos muitos currículos, mas jamais algum da Capital Cities".[9] Dan Burke me contou sobre uma conversa com Frank Smith a respeito da eficácia dessa filosofia. Burke lembra de Smith afirmar que "o sistema vigente nos corrompe com tanta autonomia e autoridade que nem concebemos ir embora".

. . .

Na área de alocação de capital, a abordagem de Murphy era altamente diferenciada de seus pares. Ele evitava a diversificação, distribuía dividendos insignificantes, raramente emitia ações, fazia uso ativo da alavancagem, recomprava ações de forma regular e, entre longos períodos de inatividade, executava aquisições ocasionais de grande porte.

As duas principais fontes de capital da Capital Cities eram o fluxo de caixa operacional interno e o endividamento. Como vimos, a empresa produzia níveis consistentemente altos, os maiores do setor, de fluxo de caixa operacional, o que fornecia a Murphy uma fonte confiável de capital para alocar fundos para aquisições, recompras, pagamento de dívidas e outras opções de investimento.

Murphy também costumava usar dívidas para financiar aquisições. Certa vez, resumiu sua abordagem como "sempre [...] usamos os ativos depois de quitá-los e os alavancamos novamente para comprar outros ativos".[10] Após fechar uma aquisição, Murphy trabalhava ativamente para implementar o fluxo de caixa de forma a reduzir os níveis de endividamento, e esses empréstimos em geral eram quitados antes do vencimento. A maior parte da dívida da ABC era liquidada até três anos após a transação. Curiosamente, Murphy nunca pediu dinheiro emprestado para financiar uma recompra de ações, preferindo utilizar a alavancagem para a aquisição de negócios operacionais.

Murphy e Burke evitavam ativamente a diluição causada por ofertas de ações. Afora a venda de ações para a Berkshire Hathaway para ajudar a financiar a aquisição da ABC, a empresa não emitira novas ações nos 20 anos anteriores à venda da Disney. Durante esse período, o total de ações em circulação encolheu 47% devido às constantes recompras.

As aquisições foram de longe o maior foco para a aplicação do capital da empresa durante o período de Murphy. De acordo com estudos recentes, cerca de dois terços de todas as aquisições na verdade destroem valor para os acionistas. Como, então, a Capital Cities conseguiu criar esse valor enorme por meio de aquisições? As aquisições eram a área de que Murphy mais entendia, e onde passou a maior parte do tempo. Murphy não delegava decisões sobre aquisições, nunca recorria a banqueiros de investimento e, com o tempo, desenvolveu uma abordagem idiossincrática que era ao mesmo tempo eficaz e diferente em aspectos significativos e importantes daquelas aplicadas pelos seus concorrentes.

Para Murphy, como alocadora de capital, a extrema descentralização da empresa trazia benefícios importantes: permitia que a operasse de forma mais lucrativa do que seus pares (a Capital Cities tinha as maiores margens em todas as suas linhas de negócios), o que, por sua vez, dava à empresa uma vantagem nas aquisições, pois permitia que Murphy comprasse propriedades e soubesse que, sob Burke, elas se tornariam mais lucrativas rapidamente, o que reduzia o preço efetivo pago por elas. Em outras palavras, a experiência operacional e de integração da empresa costumava proporcionar a Murphy aquela *commodity* mais escassa no mundo dos negócios: *convicção*.

E quando tinha convicção, Murphy estava preparado para agir com energia. Sob sua liderança, a Capital Cities foi extremamente aquisitiva, e por três vezes diferentes executou o maior negócio da história da indústria de radiodifusão, culminando na enorme transação da ABC. Durante esse período, a empresa também se envolveu em diversas das maiores aquisições de jornais do país, bem como em transações nos setores de rádio, TV a cabo e revistas.

Murphy estava disposto a esperar bastante tempo por uma aquisição atraente. Certa vez, disse: "Não sou pago apenas para fazer negócios, mas para fazer *bons* negócios".[11] No entanto, quando via algo de que gostava, Murphy estava preparado para fazer apostas enormes, e muito do valor criado durante seus quase 30 anos como CEO foi o resultado de um punhado de grandes decisões de aquisição, cada uma das quais produziu excelentes retornos a longo prazo. Cada uma dessas aquisições representava 25% ou mais da capitalização de mercado da empresa no momento em que foram realizadas.

Murphy era um mestre da prospecção de negócios. Era famoso pelo seu senso de humor e por sua honestidade e integridade. Ao contrário de outros CEOs de empresas de mídia, ficava longe dos holofotes (embora isso tenha se tornado mais difícil após a aquisição da ABC). Essas características o ajudavam na prospecção de possíveis aquisições. Murphy sabia o que queria comprar e passou anos desenvolvendo relacionamentos com os donos de propriedades desejáveis. Nunca participou de uma situação de aquisição hostil, e *todas* as grandes transações que a empresa concluiu vieram do contato direto com os vendedores, como Walter Annenberg, da Triangle, e Leonard Goldenson, da ABC.

Ele se esforçava muito para se tornar um comprador preferencial: tratava os funcionários de forma justa e administrava propriedades que eram líderes consistentes em seus mercados. Essa reputação foi extremamente útil quando abordou Goldenson sobre a compra da ABC em 1984 (em seu típico estilo autodepreciativo, Murphy começou sua proposta com "Leonard, por favor, não me atire pela janela, mas eu gostaria de comprar sua empresa").

Sob esse exterior simpático e extrovertido, no entanto, se escondia uma mente empresarial afiada. Murphy era um comprador altamente disciplinado, com requisitos rígidos em termos de retornos, e não ia além dos limites em busca de aquisições; uma vez, perdeu uma grande transação no setor de jornais envolvendo três propriedades no Texas por uma diferença de preço de US$ 5 milhões. Como outros executivos analisados neste livro, ele se baseava em regras simples, mas poderosas, para avaliar as transações. Para Murphy, o *benchmark* era um retorno após os impostos de dois dígitos em dez anos sem alavancagem. Devido a essa disciplina de preços, ele *nunca* prevaleceu em um leilão, embora tenha participado de muitos. Murphy me disse que seus lances em leilões consistentemente acabavam em apenas 60 a 70% do preço final da transação.

Murphy tinha um estilo de negociação inusitado. Ele acreditava em "deixar algo na mesa" para o vendedor e dizia que nas melhores transações, todo mundo saía feliz. Costumava perguntar ao vendedor quanto achava que sua propriedade valia e, se achasse que a oferta era justa, aceitava (como fez quando Annenberg lhe disse que as emissoras da Triangle valiam dez vezes os lucros antes dos impostos). Se achasse que a proposta era alta, oferecia seu melhor preço como contraproposta e, se o vendedor a rejeitava, Murphy encerrava as negociações. Ele acreditava que essa abordagem simples e direta poupava tempo e evitava mágoas desnecessárias.

As recompras de ações foram outro canal importante para Murphy, pois lhe forneciam uma importante referência para decisões de alocação de capital, e ele as utilizou com frequência ao longo dos anos. Quando o múltiplo da empresa era baixo em relação aos comparáveis do mercado privado, Murphy recomprava ações. Ao longo dos anos, Murphy dedicou mais de US$ 1,8 bilhão a recompras, quase sempre a múltiplos de fluxo de caixa de menos de 10%. Coletivamente, essas recompras representavam uma enorme aposta para a empresa, perdendo apenas para a transação da ABC, e geraram excelentes retornos para os acionistas, com um retorno composto acumulado de 22,4% em 19 anos. Como Murphy diz hoje, "eu só queria ter comprado mais".

O fenomenal desempenho de longo prazo da Capital Cities atraiu a admiração dos principais investidores de mídia do país. Warren Buffett e Mario Gabelli precisaram recorrer aos lendários rebatedores dos Yankees de suas respectivas épocas (Ruth e Gehrig para Buffett e Mantle e Maris para Gabelli) para encontrar analogias para o desempenho de Murphy e Burke na gestão da empresa. Gordon Crawford, acionista de 1972 até a venda para a Disney e um dos investidores de mídia mais influentes do país, acreditava que a combinação única de habilidades operacionais e de alocação de capital de Murphy e Burke criou uma "máquina de retornos em moto-perpétuo".[12] Os admiradores da Capital Cities também incluíam Bill Ruane, da Ruane, Cunniff e David Wargo, da State Street Research.

Embora o foco aqui esteja no desempenho comercial quantificável, é importante notar que Murphy construiu uma empresa universalmente admirada na Capital Cities, com uma cultura, um moral e uma lealdade excepcionalmente fortes (pelo menos dois grupos diferentes de executivos ainda realizam reuniões regulares). A empresa era amplamente respeitada pelos funcionários, anunciantes e líderes comunitários, além dos analistas de

Wall Street. Phil Meek me contou uma história sobre um *barman* em um dos retiros corporativos que obteve um retorno considerável ao comprar ações da Capital Cities no início dos anos 1970. Mais tarde, quando um executivo perguntou por que ele havia feito o investimento, o *barman* respondeu: "Trabalhei em muitos eventos corporativos ao longo dos anos, mas a Capital Cities foi a única empresa em que não dava para saber quem eram os chefes".[13]

A divisão de imprensa

Após a transação da Triangle em 1970, as regulamentações da FCC impediam a Capital Cities de possuir emissoras de TV adicionais. Assim, Murphy voltou sua atenção para os jornais e, entre 1974 e 1978, iniciou as duas maiores transações da história do setor até então: a aquisição do *Fort Worth Telegram* e do *Kansas City Star*, bem como a compra de vários jornais diários e semanários menores por todo o país.

O desempenho da empresa em sua divisão de jornais oferece um teste interessante para os limites das suas habilidades operacionais. Sob a liderança de Jim Hale e Phil Meek, a Capital Cities desenvolveu uma abordagem para o setor de jornais nascida de sua experiência na operação de emissoras de TV, com ênfase no controle cuidadoso dos custos e na maximização da participação no mercado publicitário.

Quando analisamos as quatro principais operações de jornais da empresa, o mais incrível é o crescimento consistente, ano após ano, das receitas e do fluxo de caixa operacional. Surpreendentemente, essas propriedades, que foram vendidas para a Knight Ridder em 1997, produziram coletivamente uma taxa de retorno composta de 25% durante um período de investimento médio de 20 anos. De acordo com Bob Woodworth, editor do *Kansas City Star* (posteriormente CEO da Pulitzer Inc.), a margem operacional do *Star*, o maior jornal da empresa, aumentou de menos de 10% em meados da década de 1970 para 35% em 1996, enquanto o fluxo de caixa saltou de US$ 12,5 milhões para US$ 68 milhões.

Chronicle Publishing: um transplante bem-sucedido

A abordagem diferenciada de operações e recursos humanos da Capital Cities foi transplantada com sucesso para uma empresa de mídia da Costa Oeste, a Chronicle Publishing, na segunda metade da década de 1990 por John Sias, ex-diretor da divisão editorial da Capital Cities e da ABC Network. Em 1993, Sias assumiu o cargo de CEO da Chronicle, uma empresa de mídia familiar diversificada com sede em San Francisco.

A Chronicle possuía o jornal *San Francisco Chronicle*, a afiliada da NBC em San Francisco (KRON), 300 mil assinantes de TV a cabo e uma editora de livros. Antes da chegada de Sias, a empresa havia sofrido com disputas familiares e as operações haviam sido prejudicadas. Sias e seu jovem CFO, Alan Nichols, não perderam tempo para implementar o modelo operacional da Capital Cities e transformaram radicalmente as operações da empresa. Eles eliminaram imediatamente uma camada inteira de executivos na sede corporativa, instituíram um rigoroso processo orçamentário e deram autoridade e autonomia significativas aos gerentes-gerais (muitos dos quais, desconfortáveis com a nova e mais exigente cultura, pediram demissão no primeiro ano).

Os resultados foram impressionantes. As margens da KRON melhoraram em incríveis 2.000 pontos-base, de 30% para 50% (a KRON acabaria sendo vendida por mais de US$ 730 milhões em junho de 2000), e as margens operacionais do jornal *Chronicle* (que operava sob um acordo operacional conjunto incomum com o *San Francisco Examiner*) mais do que dobraram, de 4% para 10% (a Hearst comprou o jornal por astronômicos US$ 660 milhões em 1999). Sias e Nichols também fundiram os assinantes de TV a cabo com a Tele-Communications Inc. (TCI) numa permuta isenta de impostos e venderam a divisão de livros por um preço atraente para um dos membros da família. Sias se aposentou da empresa em 1999, tendo criado centenas de milhões de dólares em valor para seus acionistas.

A diáspora

Assim como o grande número de treinadores bem-sucedidos da NFL que já trabalharam para Bill Walsh ou cirurgiões que atuaram no Hospital Peter Bent Brigham em Boston nas décadas de 1950 e 1960 com Francis Moore, o mundo da mídia está repleto de profissionais que se formaram na Capital Cities. A cultura e o modelo operacional da empresa eram amplamente admirados e, além de Sias na Chronicle, ex-executivos da empresa ocuparam cargos na alta gerência numa gama estonteante de empresas de mídia, a começar pela própria Disney (hoje comandada por Bob Iger). Os ex-membros da Capital Cities também ocuparam cargos executivos na LIN Broadcasting (CEO), Pulitzer (CEO), Hearst (CFO) e E. W. Scripps (diretor de operações de jornais), entre outras. Steve Burke, filho de Dan, foi COO da Comcast e é o atual CEO da NBCUniversal.

Transdigm: um sósia contemporâneo

Um análogo contemporâneo para a Capital Cities é a Transdigm, uma empresa de capital aberto pouco conhecida que fabrica componentes aeroespaciais. Essa organização admirável aumentou seu fluxo de caixa a uma taxa composta de *mais de 25%* desde 1993 por meio de uma combinação de crescimento interno e um programa de aquisição excepcionalmente eficaz. Como a Capital Cities, a empresa se concentra em um tipo de negócio muito específico com características econômicas excepcionais.

No caso da Transdigm, a área de especialização é a produção de peças e componentes de aviação com alto nível de engenharia. Essas peças, uma vez projetadas para uso em aeronaves militares ou comerciais, não são facilmente substituídas e requerem manutenção e reposição regulares. São críticas para o desempenho da aeronave e não têm substitutos, e seu custo é insignificante em relação ao custo total da aeronave. O resultado é que seus clientes — os maiores fabricantes de aeronaves militares e comerciais do mundo — estão mais focados no desempenho do que no preço, e a empresa tem uma combinação atraente de poder de precificação e margens fenomenais (as margens de fluxo de caixa [definido como EBITDA, ou lucro antes de juros, impostos, depreciação e amortização] estão acima de 40%).

A equipe de gestão da Transdigm, liderada pelo CEO Nick Howley, percebeu essas excelentes características econômicas no início dos anos 1990 e desenvolveu uma estrutura corporativa altamente descentralizado e um sistema operacional focado em otimizar a lucratividade desses negócios de peças especializadas. Howley, assim como Murphy, da Capital Cities, sabe que sua equipe será capaz de melhorar rápida e drasticamente a lucratividade das empresas adquiridas, o que reduz o preço de compra efetivo pago e fornece uma lógica convincente para aquisições futuras.

Desde que abriu o capital, a empresa também adotou uma estratégia incomum e enérgica de alocação de capital (que causou muitos comentários e confusão em Wall Street), mantendo níveis geralmente altos de alavancagem e recompra de ações e anunciando um grande dividendo especial (financiado por endividamento) nas profundezas da recente crise financeira. Não é de surpreender que os retornos para os acionistas também tenham sido excelentes — o valor das ações mais do que quadruplicou desde a oferta pública inicial da empresa em 2006.

2

Um conglomerador nada convencional

Henry Singleton e a Teledyne

> Henry Singleton tem o melhor histórico operacional e de investimento de capital nos negócios norte-americanos [...] se alguém pegasse os 100 mais bem graduados das escolas de negócios e combinasse os seus triunfos, seu currículo não seria tão bom quanto o de Singleton.
>
> —*Warren Buffett, 1980*

> Quando os fatos mudam, eu mudo de opinião.
> E o senhor, o que faz?
>
> —*John Maynard Keynes*

No início de 1987, a Teledyne, um conglomerado de médio porte com a reputação de ter comportamentos não convencionais, distribuiu dividendos. Esse evento aparentemente inócuo atraiu uma atenção desproporcional da imprensa de negócios, incluindo um artigo de primeira página no *Wall Street Journal*. Por que o Journal achou essa medida tão digna de nota?

Durante a maior parte do século XX, esperava-se que as empresas públicas distribuíssem uma parte de seus lucros anuais na forma de dividendos. Muitos investidores, especialmente os idosos, confiavam nesses dividendos para obter renda e analisavam com atenção os níveis e políticas de dividendos para tomar decisões de investimento. A Teledyne, no entanto, ao contrário de todos os conglomerados da década de 1960, recusava-se firmemente a distribuir dividendos, pois acreditava que eram ineficientes em termos fiscais (os dividendos são tributados duas vezes, uma vez no nível de pessoa jurídica e outra no nível de pessoa física).

Na verdade, sob o comando de Henry Singleton, seu fundador e CEO recluso, essa política de dividendos era, como vimos, apenas uma entre uma série de práticas altamente contestadoras e incomuns por parte da Teledyne. Além de evitar dividendos, Singleton administrava uma operação celebremente descentralizada; evitava interagir com analistas de Wall Street; não desdobrava suas ações; e recomprava suas ações como ninguém jamais o fizera ou faria desde então.

Tudo isso era altamente incomum e idiossincrático, mas o que de fato diferenciava Singleton e acabou por transformá-lo numa lenda ao estilo de Greta Garbo foram seus retornos, radicalmente superiores tanto aos do mercado quanto aos dos outros conglomerados. Singleton conseguiu aumentar os valores a uma taxa extraordinária durante quase 30 anos de condições macroeconômicas extremamente variáveis, começando no mercado de ações frenético da década de 1960 e terminando no mercado baixista profundo do início dos anos 1990.

Isso foi possível porque Singleton se adaptava continuamente às mudanças nas condições do mercado e mantinha um foco obstinado na alocação de capital. Sua abordagem diferia significativamente da de seus pares, e as sementes dessa iconoclastia remontam à sua formação, altamente incomum para um CEO de uma empresa da *Fortune* 500.

. . .

Nascido em 1916 na pequena Haslet, Texas, Singleton era um matemático e cientista altamente talentoso e nunca obteve um MBA. Em vez disso, frequentou o MIT, onde obteve bacharelado, mestrado e doutorado em engenharia elétrica. Singleton programou o primeiro computador para estudantes no MIT como parte de sua tese de doutorado e em 1939 ganhou a Medalha Putnam de melhor estudante de matemática do país (os futuros vencedores incluiriam o físico Richard Feynman, ganhador do Prêmio Nobel). Também era um ávido jogador de xadrez, apenas 100 pontos abaixo do nível de grande mestre.

Depois de se formar no MIT em 1950, Singleton trabalhou como engenheiro de pesquisa na North American Aviation e na Hughes Aircraft. A seguir, foi recrutado pelo lendário Tex Thornton, ex-membro dos chamados "Whiz Kids", para trabalhar na Litton Industries, onde, no final da década de 1950, inventou um sistema de navegação inercial que ainda é usado em aeronaves comerciais e militares. Singleton foi promovido a gerente-geral do Grupo de Sistemas Eletrônicos da Litton e, sob sua liderança, a divisão cresceu e se tornou a maior da empresa, com mais de US$ 80 milhões em receita até o final da década.

Singleton deixou a Litton em 1960, depois que ficou claro para ele que não seria o sucessor de Thornton como CEO. Ele tinha 43 anos. Seu colega, George Kozmetzky, que dirigia o Grupo de Componentes Eletrônicos da Litton, saiu com ele. Juntos, os dois fundaram a Teledyne em julho de 1960. Seu primeiro passo foi adquirir três pequenas empresas de produtos eletrônicos e, a partir dessa base, venceram uma licitação para um grande contrato naval. A Teledyne abriu seu capital em 1961, no início da era dos conglomerados.

Os conglomerados, empresas com muitas unidades de negócios não relacionadas, foram as ações da internet da sua época. Eles se aproveitavam dos preços estratosféricos de suas ações para crescer por meio de aquisições vorazes, e muitas vezes indiscriminadas, de negócios em uma ampla variedade de setores. Essas compras inicialmente produziam lucros maiores, que levavam a preços de ações ainda mais altos, que então eram usadas para adquirir mais empresas. A maioria dos conglomerados formava equipes enormes nas sedes corporativas, pois acreditava que poderiam encontrar e explorar sinergias entre suas diferentes empresas, e trabalhavam ativamente para conquistar a simpatia de Wall Street e da imprensa para valorizar suas ações. Seu auge, no entanto, chegou a um fim abrupto no final dos anos 1960, quando os maiores deles (ITT, Litton Industries e assim por diante) começaram a não atingir as estimativas de lucros e os preços de suas ações despencaram.

Atualmente, o senso comum diz que os conglomerados são uma forma ineficiente de organização empresarial, sem a agilidade e o foco das empresas *pure play*. Nem sempre foi assim: durante a maior parte da década de 1960, os conglomerados desfrutavam de altos índices preço/lucro (P/L) e usavam suas ações altamente valorizadas como moeda de troca em um frenesi prolongado de aquisições. Durante esse período eletrizante, havia significativamente menos concorrência por aquisições do que nos dias de hoje (as empresas de *private equity* ainda não existiam), e o preço para adquirir o controle de uma empresa operacional (medido pelo seu índice P/L) muitas vezes era substancialmente menor do que o múltiplo pelo qual as ações do adquirente eram negociadas na bolsa, o que criava uma lógica convincente para as aquisições.

Singleton aproveitou ao máximo essa oportunidade de arbitragem duradoura para desenvolver uma carteira diversificada de negócios, e entre 1961 e 1969 adquiriu *130* empresas em setores que iam da eletrônica de aviação até metais especiais e seguros. Todas essas empresas, exceto duas, foram adquiridas em troca das ações caras da Teledyne.

A abordagem de Singleton às aquisições, no entanto, diferia da de outros conglomeradores. Ele não comprava indiscriminadamente, preferindo evitar situações de *turnaround* e se concentrar em empresas lucrativas e em crescimento, com posições de liderança no mercado, muitas vezes em nichos específicos. Jack Hamilton, que dirigia a divisão de metais especiais da Teledyne, resumiu seus negócios para mim da seguinte forma: "Nos especializávamos em produtos de alta margem que eram vendidos por grama, não por tonelada".[1] Singleton era um comprador muito disciplinado, que nunca pagava mais do que 12 vezes os lucros e adquiria a maioria das empresas por múltiplos significativamente menores. São números equivalentes ao alto índice P/L das ações da Teledyne, que variaram de uma baixa de 20 a uma alta de 50 nesse período.

Em 1967, em sua maior aquisição até o momento, Singleton adquiriu a Vasco Metals por US$ 43 milhões e elevou seu presidente, George Roberts, ao cargo de presidente da Teledyne, e então assumiu os títulos de CEO e presidente do conselho. Roberts fora colega de quarto de Singleton na Academia Naval, onde fora admitido aos 16 anos como o calouro mais jovem da história da escola (antes que ele e Singleton viessem a pedir transferência devido aos cortes nos subsídios educacionais durante a Grande Depressão). Roberts também tinha formação científica, tendo se formado na Carnegie Mellon com doutorado em metalurgia antes de ocupar uma série de cargos executivos em diversas empresas na área de metais especiais, até se tornar presidente da Vasco no início dos anos 1960.

Depois que Roberts ingressou na empresa, Singleton começou a se retirar das operações, liberando a maior parte de seu tempo para se concentrar em questões estratégicas e de alocação de capital.

Pouco tempo depois, Singleton se tornou o primeiro dos conglomeradores a parar de adquirir. Em meados de 1969, com o múltiplo de suas ações em queda e os preços das aquisições em alta, ele demitiu abruptamente sua equipe de aquisição. Como comprador disciplinado, Singleton percebeu que, com um índice P/L menor, suas ações não eram mais uma moeda de troca atraente para aquisições. A partir desse momento, a empresa deixou de fazer aquisições significativas e nunca mais emitiu ações.

A Tabela 2-1 mostra a eficácia dessa estratégia de aquisições. Nos primeiros dez anos como empresa de capital aberto, o lucro por ação (LPA) da Teledyne cresceu surpreendentes *64 vezes*, enquanto as ações em circulação cresceram menos de 14 vezes, o que resultou em criação de valor significativa para os acionistas.

TABELA 2-1
Resultados financeiros da primeira década da Teledyne (em milhões de US$)

	1961	1971	Variação
Vendas	$4,5	$1.101,9	244,4 vezes
Lucro líquido	$0,1	$32,3	555,8 vezes
Lucro por ação[a]	$0,13	$8,55	64,8 vezes
Ações em circulação[a]	0,4	6,6	13,7 vezes
Endividamento	$5,1	$151,0	28,9 vezes

Fonte: A tabela foi fornecida por Tom Smith, investidor e observador de longa data da Teledyne.

[a] Ajustado para desdobramentos e dividendos de ações.

Singleton tornou-se adulto numa época de grande fé no conhecimento quantitativo. As décadas de 1940 e 1950 foram a era dos "Whiz Kids", um grupo de jovens matemáticos e engenheiros excepcionalmente talentosos que utilizaram a análise estatística avançada para transformar uma série de instituições norte-americanas icônicas, a começar pelo Corpo Aéreo do Exército dos Estados Unidos (precursor da atual Força Aérea) na Segunda Guerra Mundial, passando pela Ford Motor Company durante os anos 1950 e culminando com o Pentágono quando o ex-Whiz Kid Robert McNamara foi escolhido secretário de Defesa em 1961.

O poder dessas organizações emanava da sede, onde um corpo de elite de executivos jovens, excepcionalmente brilhantes e quantitativamente habilidosos exercia controle centralizado e implementava novos sistemas matemáticos para administrar as operações. O talento analítico impunha ordem a operações distantes e caóticas, e o resultado era uma maior eficiência, fosse ela em bombardeios ou em fábricas.

Muitos conglomeradores adotaram essa abordagem centrada na sede para administrar suas empresas e desenvolveram grandes equipes corporativas, repletas de vice-presidentes e departamentos de planejamento. Curiosamente, Singleton, que trabalhara lado a lado com Tex Thornton, um dos Whiz Kids originais, desenvolveu uma abordagem totalmente diferente para a sua empresa.

Em contraste com pares como Thornton e Harold Geneen, da ITT, Singleton e Roberts evitavam os conceitos de "integração" e "sinergia", que estavam na moda, e preferiam, em vez disso, enfatizar a descentralização extrema, dividindo a empresa em seus menores componentes e atribuindo a responsabilidade geral e gerencial às camadas mais básicas possíveis da organização. Na sede, havia menos de 50 pessoas numa empresa com um total de mais de 40 mil funcionários e nenhum departamento de recursos humanos, relações com investidores ou desenvolvimento de negócios. Ironicamente, o conglomerado mais bem-sucedido da época foi, na verdade, o menos típico em suas operações.

Essa descentralização promovia uma cultura objetiva e apolítica na Teledyne. Vários ex-presidentes de empresas mencionam essa revigorante falta de política: os gestores que atingiam suas metas iam bem; os que não conseguiam, seguiam em frente. Como alguém me disse: "Ninguém se preocupava com quem Henry estava almoçando".

. . .

Depois que o mecanismo de aquisições desacelerou em 1969, Roberts e Singleton voltaram sua atenção para as operações existentes da empresa. Em outra fuga ao senso comum, Singleton não se concentrava no lucro divulgado, a principal métrica de Wall Street na época, e preferia administrar sua empresa de modo a otimizar o fluxo de caixa livre. Ele e seu CFO, Jerry Jerome, elaboraram uma métrica exclusiva que chamaram de *retorno da Teledyne*, que, ao calcular a média do fluxo de caixa e do lucro líquido de cada unidade de negócios, enfatizava a geração de caixa, tornando-se a base para os bônus de todos os gerentes-gerais das unidades de negócios. Como disse certa vez à revista *Financial World*: "Quem quiser seguir a Teledyne deve se acostumar com o fato de que nossos lucros trimestrais dão umas flutuadas. Nossa contabilidade está configurada para maximizar o fluxo de caixa, não o lucro divulgado".[2] Não é uma citação que você provavelmente ouvirá do típico CEO da *Fortune* 500 da atualidade, com seu foco em Wall Street.

Singleton e Roberts não demoraram para melhorar as margens e reduzir drasticamente o capital de giro nas operações da Teledyne, o que gerou caixa significativo no processo. Os resultados ficam evidentes nos retornos sobre os ativos consistentemente altos dos negócios operacionais da Teledyne, que tiveram média de mais de 20% nas décadas de 1970 e 1980. Charlie Munger, sócio de Warren Buffett, descreve esses resultados extraordinários como "quilômetros a frente dos demais [...] totalmente ridículos".[3]

O saldo dessas iniciativas foi que, a partir de 1970, a empresa gerou uma lucratividade incrivelmente consistente em uma ampla variedade de condições de mercado. Esse influxo de dinheiro era enviado à sede para ser alocado por Singleton. As decisões que tomou sobre o uso desse capital foram, como você deve imaginar, altamente incomuns (e eficazes).

Packard Bell: um raro passo em falso

Uma divisão que não atendia aos padrões rigorosos de Singleton foi a área de fabricação de aparelhos de televisão da Packard Bell, e é interessante ver como ele e Roberts lidaram com essa rara unidade de negócios de baixo desempenho. Quando perceberam que a Packard Bell tinha uma desvantagem competitiva permanente em relação aos concorrentes japoneses de baixo custo e não conseguia mais obter retornos aceitáveis, eles imediatamente a fecharam, tornando-se a primeira fabricante norte-americana a abandonar o setor (todas as demais seguiram o seu exemplo na década seguinte).

. . .

No início de 1972, com o saldo de caixa em crescimento e seus múltiplos de aquisição ainda altos, Singleton foi a uma cabine telefônica no centro de Manhattan e ligou para um dos membros do conselho, o lendário capitalista de risco Arthur Rock (que mais tarde investiria na Apple e na Intel). "Arthur, estive pensando e nossas ações estão simplesmente baratas demais", Singleton começou. "Acho que podemos obter um retorno melhor comprando nossas ações a esses níveis do que se fizermos praticamente qualquer outra coisa. Eu gostaria de anunciar uma oferta — o que você acha?" Rock refletiu um momento e respondeu: "Gostei".[4]

Com essas palavras, foi lançado um dos momentos seminais da história da alocação de capital. A partir daquela oferta de 1972 e continuando pelos próximos 12 anos, Singleton iniciou uma onda de recompra de ações sem precedentes que turbinou o preço das ações da Teledyne e, ao mesmo tempo, derrubou quase sozinha crenças de longa data de Wall Street.

Dizer que Singleton foi pioneiro no campo da recompra de ações seria subestimar drasticamente o que aconteceu. Talvez seja mais exato descrevê-lo como o Babe Ruth das recompras, a figura olímpica e imponente no início da história desse ramo das finanças corporativas. Antes do início da década de 1970, as recompras de ações eram raras e controversas. O senso comum dizia que as recompras sinalizavam uma falta de oportunidades de investimento interno e, portanto, eram consideradas um sinal de fraqueza por Wall Street. Singleton ignorou essa ortodoxia e, entre 1972 e 1984, em oito ofertas diferentes, comprou de volta impressionantes 90% das ações em circulação da Teledyne. Nas palavras de Munger, "ninguém jamais comprou ações com tamanha agressividade".[5]

Singleton acreditava que as recompras eram um método muito mais eficiente em termos fiscais para devolver capital aos acionistas do que os dividendos, que durante a maior parte de seu mandato foram tributados a taxas muito altas. Singleton acreditava que comprar ações a preços atraentes era autocatalisador, análogo a comprimir uma mola que, em algum momento futuro, se expandiria para obter o valor total, gerando retornos excepcionais no processo. Essas recompras forneceram uma referência útil de alocação de capital e, sempre que o retorno da compra de suas ações parecia atraente em relação a outras oportunidades de investimento, Singleton ia atrás de suas ações.

As recompras se popularizaram na década de 1990 e foram usadas frequentemente pelos CEOs nos últimos anos para apoiar os preços de ações anêmicas. As recompras, no entanto, agregam valor aos acionistas somente quando realizadas a preços atraentes. Não é de surpreender que Singleton tenha comprado muito bem, gerando um retorno anual composto de incríveis 42% para os acionistas da Teledyne em todas as ofertas.

Essas ofertas foram em quase todos os casos *oversubscribed* (com mais subscrições do que se oferecera para compra). Singleton analisara a situação e sabia que essas recompras eram atraentes e, fiel às suas convicções, sempre comprava todas as ações oferecidas. Essas recompras foram apostas enormes para a Teledyne, e variavam em tamanho de 4% a inacreditáveis 66% do valor contábil da empresa no momento em que foram anunciadas. Ao todo, Singleton gastou incríveis US$ 2,5 bilhões em recompras.

A Tabela 2-2 coloca essa conquista em perspectiva. Entre 1971 a 1984, Singleton recomprou grandes blocos de ações da Teledyne com P/Ls baixos, enquanto as receitas e o lucro líquido continuaram a crescer, o que resultou em um aumento estupendo de *40 vezes* no lucro por ação.

TABELA 2-2
Resultados produzidos pelo programa de recompra de ações da Teledyne (em milhões de US$)

	1971	1984	Variação
Vendas	$1.101,9	$3.494,3	2,2 vezes
Lucro líquido	$32,3	$260,7	7,1 vezes
Lucro por ação[a]	$8,55	$353,34	40,3 vezes
Ações em circulação[a]	6,6	0,9	(0,9 vezes)
Endividamento	$151,0	$1.072,7	6,1 vezes

Fonte: A tabela foi fornecida por Tom Smith, investidor e observador de longa data da Teledyne.

[a] Ajustado para desdobramentos e dividendos de ações.

Contudo, é importante reconhecer que essa obsessão por recompras representou uma evolução no pensamento de Singleton, que, no início da carreira, quando estava construindo a Teledyne, havia sido um *emissor* de ações ativo e altamente eficaz. Grandes investidores (e alocadores de capital) devem ser capazes de vender na alta *e* de comprar na baixa; o índice preço/lucro médio das emissões de ações da Teledyne foi superior a 25; o múltiplo médio de suas recompras, por outro lado, foi inferior a 8.

. . .

Singleton era fascinado pelo mercado de ações desde a adolescência. George Roberts me contou a história sobre Singleton: Em licença em Nova York durante a Segunda Guerra Mundial, ele ficou parado junto à vitrine de uma corretora por horas e horas, apenas assistindo os preços das ações no telégrafo.

Em meados dos anos 1970, Singleton finalmente teve a oportunidade de colocar em prática esse fascínio de décadas quando assumiu a responsabilidade direta pelo investimento das carteiras de ações das subsidiárias de seguros da Teledyne durante um forte mercado baixista, com índices P/L em seus níveis mais baixos desde a Grande Depressão. Na área de gestão de portfólio, assim como em aquisições, operações e recompras, Singleton desenvolveu uma abordagem idiossincrática com excelentes resultados.

Numa decisão significativa na contramão do mercado, ele realocou os ativos dessas carteiras de seguros, aumentando a alocação acionária total de 10% em 1975 para incríveis 77% em 1981. A abordagem de Singleton para implementar essa mudança drástica na carteira foi ainda mais incomum. Ele investiu mais de 70% das carteiras de ações combinadas em apenas cinco empresas, com incríveis 25% alocados numa única (sua antiga empregadora, a Litton Industries). Essa concentração de portfólio extraordinária (um fundo mútuo de investimento típico possui mais de cem ações) causou consternação em Wall Street, onde muitos observadores acharam que Singleton estava se preparando para uma nova rodada de aquisições.

Singleton não tinha essa intenção, mas é instrutivo examinar mais de perto como investiu nessas carteiras. Suas principais participações eram invariavelmente em empresas que conhecia bem (incluindo conglomerados menores como a Curtiss-Wright e grandes companhias de energia e seguros como Texaco e Aetna), cujos índices P/L estavam nos níveis mais baixos da sua história, ou próximos dele, na época de seu investimento. Conforme disse Charlie Munger sobre a abordagem de investimento de Singleton: "Como eu e Warren, ele estava à vontade com a concentração e comprava algumas poucas coisas que entendia bem".[6]

Assim como em suas recompras de ações da Teledyne, os retornos de Singleton nessas carteiras de seguros foram excelentes. Um indicador desses retornos se encontra na Figura 2-1, que mostra o crescimento de aproximadamente oito vezes no valor contábil das subsidiárias de seguros da Teledyne entre 1975 e 1985, quando Singleton iniciou o processo de desmontagem de sua empresa.

Durante o período de 1984 a 1996, Singleton mudou seu foco da gestão de portfólio para a sucessão gerencial (em 1986, escolheu Roberts para sucedê-lo como CEO, mantendo o título de presidente do conselho) e otimização do valor para os acionistas perante a estagnação dos resultados nas divisões operacionais da Teledyne. Para atingir esses objetivos, Singleton recorreu a novas táticas, o que mais uma vez confundiu Wall Street.

Singleton foi pioneiro no uso de desmembramentos. Na sua opinião, eles simplificariam as questões de sucessão na Teledyne (pois reduziriam a complexidade da empresa) e liberariam o

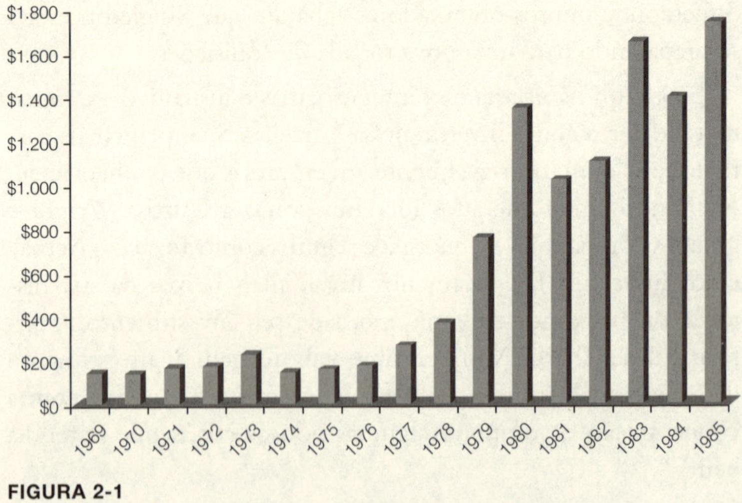

FIGURA 2-1

Valor contábil das seguradoras da Teledyne (em milhões de US$).[a]

[a] Mostra a soma dos valores patrimoniais contábeis das subsidiárias Unitrin e Argonaut.

valor total das grandes operações de seguros da empresa para os acionistas. Nas palavras de Fayez Sarofim, membro de longa data do conselho, Singleton acreditava que "havia um tempo para conglomerar e outro para desconglomerar".[7] O dia da desconglomeração finalmente chegou em 1986, com a cisão da Argonaut, a seguradora da Teledyne especializada em indenizações trabalhistas.

Em seguida, em 1990, Singleton desmembrou a Unitrin, a maior operação de seguros da empresa, com Jerry Jerome no cargo de CEO. Foi uma medida significativa, pois a Unitrin era responsável pela maior parte do valor de mercado da Teledyne na época. Ela teve retornos excelentes desde que abriu seu capital sob a liderança de Jerome e de seu sucessor, Dick Vie.

A partir de meados da década de 1980, as operações não relacionadas a seguros da Teledyne diminuíram em face de uma queda cíclica nos mercados de energia e de metais especiais e de acusações de fraude em seus negócios de defesa. Em 1987, numa época em que os preços de aquisições e das ações (incluindo as suas) batiam recordes históricos, Singleton concluiu que não havia opções melhores em termos de retornos mais altos para o fluxo de caixa da empresa e distribuiu a primeira rodada de dividendos da Teledyne em 26 anos como empresa de capital aberto. Esse foi um evento sísmico para observadores de longa data da Teledyne e sinalizou uma nova fase na história da empresa.

Após essas cisões bem-sucedidas e com Roberts firme no cargo de CEO, Singleton se aposentou da presidência do conselho em 1991 para se concentrar em suas extensas operações de pecuária. (A pecuária tinha um apelo singular para Singleton, assim como para muitos empreendedores texanos bem-sucedidos de sua geração, e ele acabaria por adquirir mais de 400 mil hectares de fazendas no Novo México, Arizona e Califórnia.)

Contudo, ele retornaria em 1996 para negociar pessoalmente a fusão das operações industriais restantes da Teledyne com a Allegheny Industries e se defender de uma tentativa de aquisição hostil do investidor Bennett LeBow. Nessas negociações, de acordo com Bill Rutledge, presidente da Teledyne na época, Singleton se concentrou exclusivamente em obter o melhor preço possível, ignorando questões periféricas como títulos de cargos e composição do conselho.[8] Mais uma vez, o resultado foi favorável para os acionistas da Teledyne: um ágio de 30% sobre o preço de negociação anterior das ações da empresa.

Singleton nos deixou um histórico extraordinário, muito superior aos de seus pares e ao do mercado. Entre 1963 (o primeiro ano para o qual temos dados confiáveis sobre as ações) e 1990, quando deixou a presidência, Singleton gerou um retorno anual composto de incríveis *20,4%* para seus acionistas (incluindo cisões), em comparação com um retorno de 8,0% do S&P 500 no mesmo período e de 11,6% para ações de outros grandes conglomerados (ver Figura 2-2).

Um dólar investido com Henry Singleton em 1963 valia *US$ 180,94* em 1990, um desempenho quase *nove vezes* superior a de seus pares e mais de *12 vezes* superior ao S&P 500. Para Singleton, Jack Welch era uma manchinha distante no retrovisor.

Os elementos básicos

Uma das decisões mais importantes que qualquer CEO toma é como despender seu tempo — especificamente, quanto tempo se dedicar a três áreas essenciais: gerenciamento de operações, alocação de capital e relações com investidores. A abordagem de Henry Singleton ao gerenciamento de tempo era, como você deve imaginar, muito diferente daquela de colegas como Tex

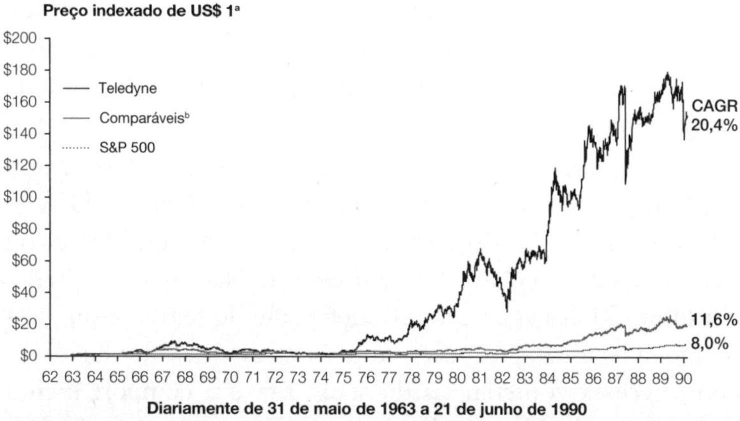

FIGURA 2-2

Preço das ações da Teledyne durante a era Singleton versus S&P 500 e pares.

[a] Ajustado para desdobramentos de ações, dividendos de ações e dividendos em caixa (presume-se que sejam reinvestidos e tributados em 40%).

[b] Conglomerados comparáveis incluem Litton Industries, ITT, Gulf & Western e Textron.

Thornton e Harold Geneen e muito semelhante à de outros CEOs *outsiders*.

Como contou à revista *Financial World* em 1978: "Não reservo *nenhuma* responsabilidade diária para mim, então não fico preso a nenhuma rotina específica. Não defino meu trabalho em termos rígidos, e sim em termos de ter a liberdade de fazer o que parece melhor servir os interesses da empresa em um dado momento".[9] Singleton fugia de planos estratégicos detalhados e preferia manter a flexibilidade e suas opções abertas. Como explicou certa vez numa reunião anual da Teledyne: "Sei que muitas pessoas têm planos arraigados e definidos que elaboraram para todos os tipos de coisas, mas estamos sujeitos a um número enorme de influências externas e a grande maioria delas não pode ser prevista. Então, minha ideia é permanecer flexível".[10] Em uma rara entrevista para um repórter da *BusinessWeek*, ele se explicou de forma mais simples: "Meu único plano é seguir trabalhando [...]. Gosto de ir guiando o barco todos os dias em vez de planejar o futuro com muita antecedência".[11]

Ao contrário de pares de conglomerados como Thornton ou Geneen, ou do excêntrico Charles Bluhdorn da Gulf & Western, Singleton não cortejava os analistas de Wall Street ou a imprensa de negócios. Na verdade, acreditava que as relações com investidores eram um uso ineficiente do tempo e simplesmente se recusava a fornecer projeções trimestrais dos lucros ou comparecer a conferências do setor. Era um comportamento nada convencional numa época em que seus colegas mais condescendentes costumavam estampar a capa das principais revistas de negócios.

Teledyne *versus* Sarbanes-Oxley

A iconoclastia da Teledyne se estendeu a um tópico polêmico da atualidade na área de governança corporativa. O conselho da empresa falharia miseravelmente de acordo com os padrões atuais da Lei Sarbanes-Oxley. Singleton (como muitos dos CEOs deste livro) era um defensor de conselhos pequenos. O conselho da Teledyne consistia em apenas seis diretores, incluindo Singleton, metade deles de dentro da empresa. No entanto, era um grupo excepcionalmente talentoso, e cada membro tinha um interesse econômico significativo na empresa. Além de Singleton, Roberts e Kozmetzky (que se aposentou da Teledyne em 1966 para dirigir a escola de negócios da Universidade do Texas), os membros do conselho incluíram Claude Shannon, colega de Singleton no MIT e pai da teoria da informação; Arthur Rock, o lendário capitalista de risco; e Fayez Sarofim, o gestor de fundos bilionário de Houston. Coletivamente, esse grupo possuía quase 40% das ações da empresa no final do período.

Mesmo em um livro repleto de CEOs que não pouparam esforços na recompra de ações, ninguém chega aos pés de Singleton. Dado seu apetite voraz pelas ações da Teledyne e os altos níveis gerais de recompras entre os CEOs *outsiders*, vale a pena examinar um pouco mais de perto a abordagem de recompras de Singleton, que diferia significativamente daquela utilizada pela maioria dos CEOs atuais.

Fundamentalmente, existem duas abordagens básicas para a recompra de ações. Na abordagem contemporânea mais comum, uma empresa autoriza uma quantidade de capital (em geral, uma porcentagem relativamente pequena do excesso de caixa em seu balanço patrimonial) para a recompra de ações e, gradualmente, ao longo de um período de trimestres (ou anos, às vezes) compra ações no mercado aberto. É uma abordagem cuidadosa e conservadora e, não por acaso, é improvável que tenha algum impacto significativo nos valores das ações a longo prazo. Vamos chamar essa abordagem cautelosa e metódica de "canudinho".

A outra abordagem, a preferida pelos CEOs neste livro e da qual Singleton foi pioneiro, é um bem mais ousada. Essa abordagem utiliza recompras menos frequentes e muito maiores, programadas para coincidir com períodos em que os preços das ações estão em baixa. Normalmente, abrangem períodos bem curtos, em geral por meio de ofertas públicas e ocasionalmente financiadas por endividamento. Singleton, que empregou essa abordagem nada menos que oito vezes, desprezava o "canudinho" e preferia uma "mangueira de sucção".

A recompra de ações de Singleton em 1980 é um excelente exemplo da sua perícia na alocação de capital. Em maio daquele ano, com o múltiplo P/L da Teledyne próximo ao seu mínimo histórico, Singleton iniciou a maior oferta da empresa até então, que foi *oversubscribed* em três vezes. Singleton decidiu comprar todas as ações oferecidas (*mais de 20%* das ações em circulação) e, dado o forte fluxo de caixa livre da empresa e a recente queda nas taxas de juros, financiou toda a recompra com dívida de taxa fixa.

Após a recompra, as taxas de juros foram às alturas e o preço dos títulos recém-emitidos caiu. Singleton não acreditava que as taxas de juros continuariam a subir, então iniciou uma recompra dos títulos. Ele retirou os títulos de circulação, no entanto, com caixa do fundo de pensão da empresa, que não estava sujeito a tributos sobre lucro de investimentos.

Devido a essa complexa série de transações, a Teledyne conseguiu financiar uma grande recompra de ações com dívidas baratas, o fundo de pensão obteve ganhos isentos de impostos consideráveis na compra de títulos quando as taxas de juros caíram posteriormente e, ah, sim... as ações se valorizaram *muito* (um retorno composto de dez anos de *mais de 40%*).

. . .

A independência intelectual implacável de Singleton permaneceu uma característica proeminente até o final de sua vida. Em 1997, dois anos antes de sua morte por câncer no cérebro aos 82 anos, ele conversou com Leon Cooperman, um investidor de longa data da Teledyne. Na época, diversas empresas da *Fortune* 500 haviam anunciado recentemente grandes recompras de ações. Quando Cooperman lhe perguntou sobre elas, Singleton respondeu com presciência: "Se todos os estão fazendo isso, deve haver algo errado com elas".[12]

Buffett e Singleton: separados ao nascer?

Muitos dos princípios singulares de Warren Buffett para gerir a Berkshire Hathaway foram empregados originalmente por Henry Singleton na Teledyne. Na verdade, Singleton pode ser considerado uma espécie de proto-Buffett, e há semelhanças incríveis entre esses dois exímios CEOs, como demonstra a lista a seguir.

- *O CEO como investidor.* Tanto Buffett quanto Singleton criaram organizações que lhes permitiam focar na alocação de capital, não nas operações. Ambos se enxergavam antes de mais nada como investidores, não como gestores.
- *Operações descentralizadas, decisões de investimento centralizadas.* Ambos administravam organizações altamente descentralizadas, com pouquíssimos funcionários na sede e poucas camadas hierárquicas intermediárias, quando muito, entre as empresas operacionais e a alta gerência. Ambos tomavam todas as principais decisões de alocação de capital nas suas empresas.
- *Filosofia de investimento.* Tanto Buffett quanto Singleton concentraram seus investimentos em setores que conheciam bem e se sentiam confortáveis com carteiras concentradas de valores mobiliários negociáveis.
- *Abordagem às relações com investidores.* Nenhum deles oferecia projeções trimestrais aos analistas nem participava de conferências. Ambos forneciam relatórios anuais informa-

tivos, com informações detalhadas sobre as unidades de negócios.

- *Dividendos.* A Teledyne, ao contrário de todos os outros conglomerados, não distribuiu dividendos durante seus primeiros 26 anos. A Berkshire nunca distribuiu dividendos.
- *Desdobramentos de ações.* A Teledyne foi a ação mais cara da NYSE durante boa parte das décadas de 1970 e 1980. Buffett nunca desdobrou as ações A da Berkshire (que hoje são negociadas a mais de US$ 120 mil por ação).
- *Propriedade societária significativa do CEO.* Tanto Singleton quanto Buffett tinham participações acionárias significativas em suas empresas (13% para Singleton e mais de 30% para Buffett). Eles pensavam como donos porque *eram* donos.
- *Subsidiárias de seguros.* Tanto Singleton quanto Buffett reconheceram o potencial de investir no *float* da seguradora para criar valor para os acionistas, e os seguros eram o maior e mais importante negócio para ambas as empresas.
- *A analogia do restaurante.* Phil Fisher, um investidor famoso, certa vez comparou empresas a restaurantes: com o tempo, por meio de uma combinação de políticas e decisões (análogas a culinária, preços e ambiente), ocorre a autosseleção de uma determinada clientela. De acordo com esse padrão, tanto Buffett quanto Singleton administraram intencionalmente restaurantes superinusitados que, com o tempo, atraíram clientes/acionistas com ideias semelhantes e orientados para o longo prazo.

3

A volta por cima

Bill Anders e a General Dynamics

> Uma consistência tola é o bicho-papão das mentes pequenas.
>
> —*Ralph Waldo Emerson*

Em 1989, após quase 30 anos como símbolo internacional da tensão e ansiedade da Guerra Fria, o Muro de Berlim caiu e, com ele, o modelo de negócios de longa data da indústria de defesa dos Estados Unidos também desmoronou. A indústria tradicionalmente dependia da venda de grandes sistemas de armas (mísseis, bombardeiros e assim por diante) que eram a espinha dorsal da estratégia militar norte-americana no pós-Guerra. Quando, após décadas, a política de contenção dos soviéticos se tornou aparentemente obsoleta da noite para o dia, a indústria mergulhou em uma crise profunda. Há muito tempo considerada uma fraternidade fechada de ex-generais e almirantes, os principais executivos do setor precisaram correr atrás do prejuízo para redefinir suas empresas. Seis meses após a queda do Muro, um índice das principais empresas de defesa de capital aberto havia caído 40%. Uma empresa parecia particularmente mal posicionada.

A General Dynamics fora pioneira na indústria de defesa. As raízes da empresa remontavam ao final do século XIX, com um longo histórico de venda de armas importantes para o Pentágono, incluindo aeronaves (tanto o lendário bombardeiro B-29 durante a Segunda Guerra Mundial quanto o caça F-16, carro-chefe da Força Aérea moderna), embarcações (como principal fabricante de submarinos) e veículos terrestres (como principal fornecedora de tanques e outros veículos de combate). Ao longo dos anos, a empresa se diversificou e passou a produzir mísseis e sistemas espaciais, além de entrar em diversos negócios não relacionados à defesa, incluindo aviões comerciais Cessna e materiais de construção. A General Dynamics foi assolada por escândalos na década de 1980, quando investigadores federais descobriram o uso abusivo dos aviões particulares da empresa e de outras regalias por parte dos altos executivos.

Em 1986, a empresa contratou um novo CEO, Stan Pace, que tinha uma reputação excelente no Pentágono. Pace melhorou as relações com o Estado-Maior Conjunto dos Estados Unidos, mas as operações estagnaram, e em 1990 a empresa soube do possível cancelamento de seu maior programa de novas aeronaves, o A-12. Quando um novo CEO assumiu o comando em janeiro de 1991, a General Dynamics tinha US$ 600 milhões em dívidas e fluxo de caixa negativo, e enfrentava questionamentos sobre uma possível falência. A empresa tinha receitas de US$ 10 bilhões e capitalização de mercado de apenas US$ 1 bilhão. Nas palavras de Judy Bollinger, analista de defesa da Goldman Sachs, a empresa era a "pior das piores", a mais mal posicionada em um setor em declínio.[1]

Em outras palavras, era um caso de *turnaround*, de fazê-la dar a volta por cima. Empresas em dificuldades financeiras geralmente contratam "consultores" de reestruturação que caem de paraquedas, cortam custos, negociam com credores e fornecedores e buscam vender a empresa o mais rápido possível antes de passar para a próxima missão. Esses mercenários tendem a ignorar considerações de longo prazo, como cultura, investimentos de capital e estrutura organizacional, e preferem se concentrar nas necessidades de caixa de curto prazo. Os *turnarounds* geralmente conseguem gerar retornos atraentes a curto prazo, e na maioria das vezes concluem com a venda do negócio para uma empresa maior, um processo que já foi comparado a dar as últimas tragadas de uma bituca de charuto.

É raro que um *turnaround* mantenha altos retornos por longos períodos e diversos CEOs, mas foi exatamente o que aconteceu na General Dynamics. A história da empresa mostra como os elementos fundamentais da abordagem usada pelos CEOs *outsiders* podem ser eficazes mesmo em situações de deslocamento significativo do setor.

. . .

Tudo começou quando Bill Anders assumiu o comando da General Dynamics em janeiro de 1991, no auge do mercado baixista pós-Guerra do Golfo do início dos anos 1990. Anders definitivamente não era um CEO arroz com feijão. Ele teve uma carreira excepcionalmente ilustre, embora não convencional, antes de ingressar na General Dynamics. Anders formou-se em engenharia elétrica pela Academia Naval em 1955 e serviu como piloto de caça da Força Aérea durante a Guerra Fria. Obteve um diploma de pós-graduação em engenharia nuclear em 1963 e foi um de apenas 14 homens entre milhares escolhidos para o corpo de astronautas de elite da Nasa.

Como piloto do módulo lunar na missão Apollo 8, em 1968, Anders tirou uma fotografia que se tornaria icônica: *Earthrise*, ou *Nascer da Terra*, que apareceria nas capas da *Time, Life* e *Ame-*

rican Photography. Um importante analista de defesa acredita que essas conquistas iniciais deram a Anders a capacidade de assumir riscos em atividades posteriores: "Depois de orbitar a Lua, problemas empresariais mundanos não o abalavam".

Anders deixou a Nasa com a patente de major-general e foi escolhido como primeiro presidente da Comissão Reguladora Nuclear dos Estados Unidos antes de atuar por um breve período como embaixador na Noruega, tudo antes dos 45 anos. Ele era conhecido e respeitado no Pentágono e, após deixar o serviço público, ingressou na General Electric, onde treinou na filosofia de gestão da GE e foi contemporâneo de Jack Welch. "Havia um grupo incrível de gestores da GE que eram excelentes instrutores de natação", Anders conta, "embora ocasionalmente tentassem afogar o aprendiz".[2]

Anders acabou sendo contratado em 1984 para dirigir as operações comerciais da Textron Corporation, uma pioneira da conglomeração, uma experiência que o deixou frustrado. Ele tinha uma personalidade independente e contestadora e um estilo de comunicação direto que beirava a grosseria. Não impressionado com a mistura eclética de negócios medíocres e estrutura corporativa burocrática da Textron, não surpreende que tenha entrado em conflito com o CEO da Textron na época.

Em 1989, conheceu um executivo sênior da General Dynamics na reunião de uma associação comercial e, quando lhe foi oferecida a chance de ingressar na empresa como vice-presidente por um ano e depois assumir o cargo de CEO, não hesitou em aproveitar a oportunidade. Anders dedicou esse período inicial a conhecer os negócios e a cultura da empresa e a estudar, com a ajuda da Bain & Company, as enormes mudanças que estremeciam o setor à medida que a era dos gastos altíssimos com defesa parecia terminar abruptamente. Esse ano de estudo permitiu que começasse com tudo quando assumiu formalmente o cargo de CEO.

Embora seja o CEO mais velho deste livro e o único a assumir o comando já na casa dos 50, Anders tinha apenas dez anos de experiência no setor privado quando aceitou o cargo na General Dynamics, e ainda enxergava tudo com novos olhos.

A indústria de defesa, tradicionalmente administrada por engenheiros e militares do alto escalão aposentados, passava a sensação de um clube ou de uma fraternidade. Anders, engenheiro e ex-general, estava numa posição única para passar a vassoura nas teias de aranha da indústria, e suas conclusões (e ações subsequentes) sacudiriam inteiro o mundinho fechado da comunidade de defesa.

. . .

Sua estratégia de *turnaround* para a General Dynamics estava alicerçada sobre um *insight* estratégico central: a indústria de defesa tinha um excesso de capacidade significativo após o fim da Guerra Fria. Por consequência, Anders acreditava que os *players* do setor precisavam agir de forma vigorosa para reduzir seus negócios ou crescer por meio de aquisições. Nesse novo ambiente, haveria consolidadores e consolidados, e as empresas precisariam descobrir rapidamente a qual grupo pertenciam. Anders delineou sua estratégia em seus primeiros relatórios anuais e trimestrais e começou a implementá-la com toda energia.

Essa estratégia se baseava em três princípios fundamentais:

1. Anders, seguindo o exemplo de Jack Welch, seu ex-colega na GE, acreditava que a General Dynamics só deveria atuar em ramos em que tivesse a posição número um ou número dois do mercado. (Uma filosofia muito

semelhante à Doutrina Powell da mesma época, segundo a qual os Estados Unidos só entrariam em conflitos militares que pudessem vencer de forma decisiva.)

2. A empresa sairia dos negócios de *commodities* nos quais os retornos eram inaceitavelmente baixos.
3. Ela se limitaria a negócios que conhecia bem. Mais especificamente, desconfiaria de empreendimentos comerciais — o Cálice Sagrado dos novos lucros para empresas de defesa, uma fonte que nunca conseguiam acessar.

Desse modo, a empresa sairia de negócios que não atendessem a esses critérios estratégicos.

Além disso, Anders acreditava que a General Dynamics precisava de uma mudança cultural drástica. Ao longo das entrevistas completas que conduziu com os altos executivos antes de se tornar CEO, Anders descobriu uma mentalidade de engenharia profundamente arraigada, com um foco implacável no desenvolvimento de armas "maiores, mais rápidas e mais letais" e pouca preocupação com os acionistas, um contraste gritante com a GE. Anders agiu vigorosamente para corrigir esse foco e incutir ênfase nos acionistas e em métricas como o retorno sobre o patrimônio líquido.

Ele também acreditava que as operações precisariam ser significativamente simplificadas e racionalizadas para otimizar os retornos. Para isso, precisaria de uma nova equipe, e agiu rápido para recrutá-la. Seu primeiro passo foi promover Jim Mellor a presidente e diretor de operações. Mellor administrara o negócio de construção naval da General Dynamics com excelentes resultados e, como Anders me disse, "era o tipo de cara que procurava o último centavo e responsabilizava as pessoas". Juntos, no primeiro semestre de 1991, Anders e Mellor substituíram 21 dos 25 principais executivos da empresa.

Além de novos talentos operacionais, Anders contratou Harvey Kapnick, um mago das finanças, para ser vice-presidente do conselho, e começou a contar com um talentoso advogado, Nick Chabraja, para ajudar em diversas tarefas jurídicas e estratégicas relativas ao *turnaround*. Após montar sua equipe, ele não perdeu tempo para implementar uma reestruturação extraordinária.

. . .

Os anos de Anders (apenas três no total) podem ser divididos em duas fases básicas: a geração de caixa e sua aplicação. Em cada fase, a abordagem da empresa foi altamente idiossincrática.

Vamos começar pela geração de caixa. Quando Anders e Mellor começaram a implementar seu plano, a General Dynamics estava superalavancada e tinha fluxo de caixa negativo. Nos três anos seguintes, a empresa geraria *US$ 5 bilhões* em caixa. Esse influxo surpreendente veio de duas fontes básicas: um enxugamento fantástico das operações e a venda de negócios considerados não essenciais pela estrutura estratégica de Anders.

Nas operações, Anders e Mellor se depararam com um legado de enorme investimento excessivo em estoques, equipamentos de capital e pesquisa e desenvolvimento. Juntos, agiram rapidamente para eliminar os excessos do sistema. Quando visitaram uma fábrica de F-16, olharam ao redor e contaram um grande número de canopis de F-16 (a cobertura de vidro transparente do *cockpit*), uma peça bastante cara, em uma instalação que fabricava um avião por semana. A nova regra de Mellor: no máximo dois canopis. Encontraram máquinas caras e subutilizadas duplicadas em fábricas de tanques adjacentes; Mellor combinou as instalações. De forma mais geral, descobriram que os gerentes da fábrica tinham estoque demais e não estavam calculando o retorno sobre o investimento quando solicitavam capital adicional.

Isso mudou rapidamente sob o comando de Mellor, e ele e Anders agiram de forma decisiva para criar uma cultura que enfatizasse incansavelmente os retornos. Mais especificamente, como conta Ray Lewis, executivo de longa data da empresa, "o retorno financeiro sobre o capital tornou-se a principal métrica da empresa e estava sempre em nossas mentes".[3] Era algo inédito no setor, historicamente caracterizado por um foco míope no crescimento da receita e no desenvolvimento de novos produtos.

É importante ressaltar que essa nova disciplina afetou a abordagem da empresa nas licitações do governo. Antes da chegada de Anders, a empresa, assim como seus pares, participava ativamente de uma ampla variedade de licitações. Anders e Mellor, por outro lado, insistiam que a empresa participasse de licitações somente quando os retornos fossem atraentes e a probabilidade de vitória fosse alta. O resultado é que o número de participações em licitações diminuiu drasticamente e a taxa de sucesso da empresa aumentou. Como explica Peter Aseritis, analista de longa data do setor, "Anders e Mellor voltaram o foco para os acionistas [...] pela primeira vez na indústria de defesa".[4]

Nos primeiros dois anos de seu regime, Anders e Mellor reduziram o quadro de lotação geral em quase 60% (e a equipe corporativa em 80%), transferiram a sede de St. Louis para o norte da Virgínia, instituíram um processo formal de aprovação de capital e reduziram drasticamente o investimento em capital de giro. Como disse Mellor, "nos primeiros dois anos, não precisávamos gastar *nada*, podíamos simplesmente trabalhar com os estoques e despesas de capital acumulados nos anos anteriores".[5]

Essas medidas geraram um tsunami de dinheiro — impressionantes *US$ 2,5 bilhões* — e a empresa rapidamente se tornou a líder inquestionável entre seus pares em termos de retorno sobre ativos, posição que ocupa até hoje.

. . .

O que nos leva à outra fonte de caixa maior que o esperado na empresa: a venda de ativos. Enquanto Mellor espremia o excesso de caixa das operações, Anders decidiu desinvestir de negócios não essenciais e expandir suas maiores unidades de negócios por meio de aquisições. Curiosamente, quando Anders se reuniu com seus colegas do setor, descobriu que, como grupo, estavam mais interessados em comprar do que em vender. Também descobriu que muitas vezes estavam dispostos a pagar ágios para fechar aquisições. O resultado foi um encolhimento drástico da empresa por meio de uma série de desinvestimentos altamente lucrativos.

Foi algo inédito para a empresa e para o setor. Nos primeiros dois anos, após assumir o cargo de CEO, Anders vendeu a *maioria* dos negócios da General Dynamics, incluindo sua divisão de TI, a divisão de aeronaves Cessna e os negócios de mísseis e equipamentos eletrônicos.

O maior desses desinvestimentos, a venda da divisão de aeronaves militares dominante da empresa, representou um desafio inesperado para a estrutura estratégica da Anders. Vale a pena analisá-lo em mais detalhes. A transação na verdade começou como uma tentativa de Anders de adquirir a divisão menor de caças da Lockheed. Quando o CEO da Lockheed se recusou a vender e fez uma contraoferta extravagante pelo negócio de F-16 da General Dynamics, Anders enfrentou uma decisão crucial.

Vale a pena pausar aqui para fazer uma observação mais geral. A maioria dos CEOs neste livro evitou planos estratégicos detalhados, preferindo permanecer flexíveis e oportunistas. Em contraste, Anders tinha uma visão estratégica muito clara e específica que exigia, além da venda das divisões mais fracas, a expansão das maiores. Após algum avanço inicial na área de vendas, ele voltou sua atenção para as aquisições, e a unidade de aeronaves militares, o maior negócio da empresa, era o ponto de partida lógico. Além da lógica econômica da expansão dessa unidade de negócios de grande porte, Anders, um ex-piloto de caça e fã de aviação, adorava a ideia. Então, quando o CEO da Lockheed o surpreendeu ao oferecer US$ 1,5 bilhão pela divisão, um preço estupidamente alto, foi a hora da verdade para Anders.

Sua resposta foi muito reveladora: ele concordou em vender o negócio na mesma hora, sem hesitar (embora não sem algum arrependimento). Anders tomou a decisão empresarial racional, consistente com o crescimento do valor por ação, mesmo que isso reduzisse sua empresa para menos da metade do tamanho anterior e o roubasse da sua regalia favorita como CEO: a oportunidade de pilotar os caças de última geração da empresa. Essa decisão ressalta uma ideia crucial para todos os CEOs deste livro: como grupo, eram, em sua essência, racionais e pragmáticos, agnósticos e lúcidos. Não tinham ideologia. Quando lhe ofereciam o preço certo, Anders talvez não vendesse sua mãe, mas não hesitou em vender sua unidade de negócios favorita.

Foram vendas sem precedentes no setor e altamente controversas, em especial no Pentágono. A ilustre carreira militar de Anders, no entanto, lhe dava uma credibilidade única em Washington, o que lhe permitiu seguir esse curso de ação radical. Como disse o analista de defesa Peter Aseritis, "foi um pouco como Nixon, o anticomunista de longa data, abrindo relações com a China: ninguém mais poderia ter feito aquilo".[6] Coletivamente, esses desinvestimentos geraram mais US$ 2,5 bilhões em caixa e deixaram a General Dynamics com dois negócios nos quais ocupava posições dominantes no mercado: tanques e submarinos.

À medida que o dinheiro da venda de ativos e da melhoria das operações abarrotava os cofres da empresa, Anders mudou seu foco para a alocação de capital. Com os preços altos, optou por não realizar aquisições adicionais. Em vez disso, decidiu distribuir a maior parte do dinheiro da empresa para os acionistas. Para obter conselhos sobre como fazer isso da maneira mais eficiente possível, recorreu a Harvey Kapnick.

Kapnick, ex-presidente da gigante da contabilidade Arthur Andersen, era advogado por formação e conhecia profundamente o código tributário. Ele conquistara sua reputação com um *turnaround* extremamente bem-sucedido na Chicago Pacific, um conglomerado diversificado. À medida que o caixa se acumulava na General Dynamics, ele desenvolveu duas ideias criativas para distribuir a maior parte dele para os acionistas com um método que teria uma eficiência tributária extraordinária.

Primeiro, Kapnick iniciou uma série de três rodadas de dividendos especiais para os acionistas, totalizando pouco menos de 50% do valor patrimonial da empresa. Como Anders havia liquidado uma grande porcentagem dos negócios totais gerais da General Dynamics, esses dividendos foram considerados "devolução de capital social" e, incrivelmente, não estavam sujeitos a impostos sobre ganhos de capital ou a impostos de renda ordinários. O próximo passo de Anders e Kapnick foi anunciar uma gigantesca oferta de US$ 1 bilhão para recomprar 30% das ações da empresa (como vimos, as recompras são altamente eficientes em termos fiscais em comparação com os dividendos tradicionais, que são tributados duas vezes, nos níveis de pessoa física e jurídica).

É difícil exagerar o quão anormais foram essas decisões: em menos de três anos, Anders simplificou drasticamente as operações, vendeu mais da metade de sua empresa, gerou *US$ 5 bilhões* em receitas e, em vez de reaplicar o caixa em P&D ou novas aquisições, distribuiu a maior parte para os acionistas, usando técnicas inovadoras e eficientes em termos tributários. Todas essas medidas eram inéditas no setor de defesa e criaram um enorme valor para os acionistas.

É muito, muito raro ver uma empresa de capital aberto encolher sistematicamente. "A maioria dos CEOs se classifica em termos de tamanho e crescimento", Anders resumiu para mim. "Pouquíssimos realmente se concentram nos retornos aos acionistas." É igualmente raro (com exceção dos CEOs deste livro) ver uma empresa devolver de modo sistemático os resultados para os acionistas na forma de dividendos especiais ou recompras de ações. A combinação dos dois era praticamente inédita, em particular na tradicionalista indústria de defesa.

. . .

Essa série abrupta de medidas drásticas surpreendeu Wall Street e levou a um aumento meteórico nas ações da General Dynamics. Também atraiu a atenção de Warren Buffett, ao perceber que, sob a liderança de Anders, a empresa estava liquidando ativos e se concentrando numa estratégia de alocação de capital inovadora e favorável aos acionistas. Em 1992, Buffett comprou 16% das ações da General Dynamics, a um preço médio de US$ 72 por ação. Surpreendentemente, também deu a Anders, com quem conversara apenas uma vez, uma procuração para votar pelas ações da Berkshire, uma posição que ajudou Anders a implementar sua estratégia.

Anders deixou o cargo como planejado em julho de 1993 e entregou as rédeas a Mellor (Buffett vendeu suas ações quando da saída de Anders e obteve um excelente retorno, mas hoje lamenta essa decisão). Anders atuou como presidente do conselho por um ano antes de se aposentar e ir morar numa ilha remota no noroeste dos Estados Unidos. Ele acreditava no modelo de sucessão naval, no qual capitães aposentados evitam visitar seus antigos navios para não interferir na autoridade do sucessor, e orgulhosamente me disse que havia falado apenas uma vez com Nick Chabraja, o sucessor de Mellor, desde 1997.

Jim Mellor também estudara engenharia e trabalhara na Hughes Aircraft e na Litton Industries antes de ingressar na General Dynamics em 1981. Ele foi promovido ao comando da divisão de construção naval, onde ajudou a empresa a solidificar sua posição dominante no mercado. Foi também onde rapidamente chamou a atenção de Anders, que identificou uma alma gêmea e um possível braço direito e sucessor.

Quando se tornou CEO após a saída de Anders, Mellor continuou com o foco na otimização das operações e na venda das últimas pequenas divisões não essenciais, incluindo a unidade de sistemas espaciais. Em 1995, no entanto, partiu para o ataque com a aquisição de US$ 400 milhões da Bath Iron Works, uma das maiores empresas norte-americanas no ramo da construção naval para a Marinha. A aquisição teve um enorme valor simbólico, pois sinalizou aos funcionários e ao Pentágono que a General Dynamics estava pronta para voltar a crescer. "A aquisição da Bath deu fim aos boatos de que a empresa seria completamente liquidada", lembra Mellor.[7] Em 1997, Mellor atingiu a idade de aposentadoria e passou o bastão para Nick Chabraja.

Chabraja se formou na Northwestern Law School e praticou direito corporativo por quase 20 anos na Jenner & Block, um dos maiores escritórios de advocacia de Chicago. Ele trabalhou com a General Dynamics durante a turbulenta década de 1980 e, na época da chegada de Anders, havia se tornado um assessor jurídico importante da empresa. Anders não demorou a perceber seu potencial e chamou-o de "o advogado mais eficaz e profissional que já vi". Em 1993, Chabraja ingressou na empresa como diretor jurídico e vice-presidente sênior, com o entendimento implícito de que se tornaria o sucessor de Mellor.

Chabraja estabeleceu metas ambiciosas para si mesmo quando se tornou CEO. Mais especificamente, queria quadruplicar o preço das ações da empresa nos primeiros dez anos como CEO (uma taxa de retorno composta de 15%). Ele analisou os registros da S&P e descobriu que essa era uma meta apropriadamente difícil: menos de 5% de todas as empresas da *Fortune* 500 haviam alcançado esse *benchmark* nos dez anos anteriores. Chabraja analisou com frieza as perspectivas da empresa para os dez anos seguintes e concluiu que poderia alcançar cerca de dois terços da meta por meio do crescimento de mercado e da melhoria das margens operacionais. O resto precisaria vir de aquisições, o que divergiria significativamente da estrutura estratégica de Anders.

A abordagem da Chabraja às aquisições era diferenciada, com foco inicialmente em pequenas compras em torno das linhas de negócios existentes, um novo foco em alocação de capital para a empresa. "Nossa estratégia tem sido buscar com energia metas diretamente relacionadas aos nossos principais negócios [...] ampliando nossa linha de produtos para espaços adjacentes", Chabraja explica.[8] Em seu primeiro ano, ele adquiriu 12 pequenas empresas.

Ray Lewis descreveu essa abordagem como "apenas um pedacinho de cada vez em mercados que entendemos bem".[9] Essas aquisições complementares acresceram muito e acabaram levando à entrada no mercado de tecnologia da informação militar, um campo em rápido crescimento, que em 2008 seria a maior unidade de negócios da empresa. Além disso, por meio dos esforços de aquisição da Chabraja, a divisão de tanques da empresa conseguiu lançar com sucesso o veículo de combate Stryker, enquanto o grupo naval, há muitos anos líder na construção de submarinos, começou a construir mais embarcações de superfície.

A maior conquista da era Chabraja, no entanto, foi a aquisição colossal da Gulfstream em 1999, a maior fabricante de aviões a jato comerciais do mundo. Avaliada em US$ 5 bilhões, foi uma transação que apostava a empresa inteira, pois equivalia a incríveis 56% do valor de mercado da General Dynamics.

O acordo foi amplamente criticado na época por um preço considerado alto demais e por parecer divergir da estratégia de "focar apenas nos negócios de defesa" de Anders. No entanto, não foi um desvio tão radical quanto parecia. A Gulfstream era a líder inquestionável em aviação comercial, um mercado com excelentes tendências de crescimento a longo prazo. A organização fora administrada por cinco anos pela Forstmann, Little, uma empresa de *private equity*, e o investimento no desenvolvimento de novos produtos havia ficado em segundo plano.

A General Dynamics tinha experiência profunda na gestão de operações de aeronaves comerciais e militares desde seus anos como proprietária da Cessna e na fabricação de aviões para a Força Aérea, e Chabraja acreditava que seria capaz de aproveitar esse conhecimento especializado latente para expandir significativamente a Gulfstream. Ele também acreditava que a aviação comercial proporcionaria uma diversificação valiosa para proteger a empresa das flutuações nos gastos com defesa. Os retornos desde então justificaram sua lógica. (Nos últimos dois anos, à medida que os gastos com defesa diminuíram, as operações crescentes da Gulfstream proporcionaram à General Dynamics uma proteção substancial contra os caprichos do ciclo de gastos com defesa.)

É importante reconhecer aqui a ideia mais geral de que as circunstâncias mudam, e é a forma como você joga as cartas que recebe que, em última análise, determina seu sucesso como executivo. Embora Chabraja e Anders compartilhassem uma mentalidade racional e voltada para os acionistas, suas ações específicas variaram de acordo com suas respectivas circunstâncias, e medidas diferentes (aquisições durante o período de Chabraja, desinvestimentos durante o de Anders) faziam sentido em diferentes momentos durante suas administrações (embora ambos compartilhassem o entusiasmo pela recompra de ações).

Quando deixou o cargo de CEO em meados de 2008, Chabraja havia incrivelmente conseguido superar seus ambiciosos objetivos iniciais em termos de retorno. O que nos leva a uma questão crucial: quais foram exatamente os retornos totais desse trio de CEOs? Como se comparam a seus colegas e ao alto padrão Welch? Durante o período de 17 anos e meio, desde a chegada de Anders em janeiro de 1991 até a saída de Chabraja em julho de 2008, Anders e seus dois sucessores escolhidos a dedo produziram os resultados fenomenais apresentados na Figura 3-1. Os três geraram um retorno anual composto de fantásticos *23,3%* para os acionistas da General Dynamics, em comparação com *8,9%* do S&P 500 e *17,6%* dos pares da empresa.

Um dólar investido quando Anders assumiu o comando valeria *US$ 30* 17 anos depois. Esse mesmo dólar valeria *US$ 17* se investido em um índice de empresas comparáveis e *US$ 6* se investido no S&P. Essa tríade de CEOs superou o padrão Welch com um desempenho *6,7 vezes* superior ao do S&P e um índice excepcional *1,8 vez* superior ao de seus pares.

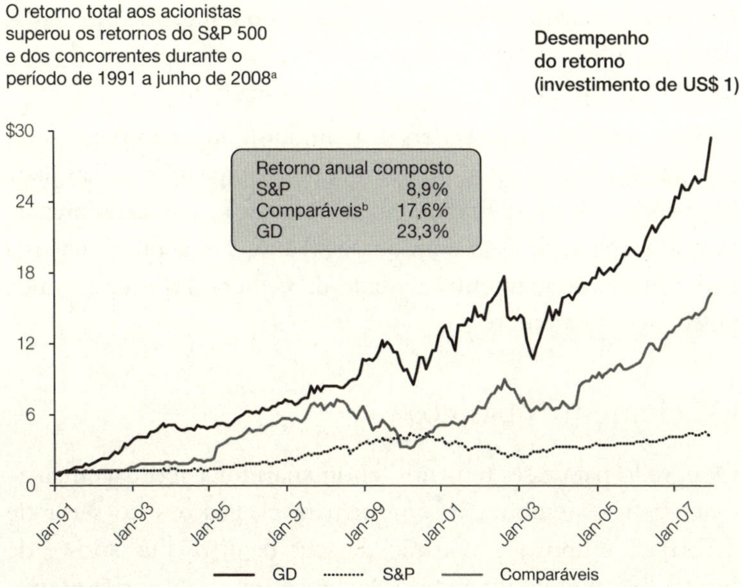

FIGURA 3-1

General Dynamics: Um conto de três CEOs.

Fonte: Center for Research in Security Prices (CRSP) e relatórios anuais da General Dynamics.

[a] Inclui desdobramentos e dividendos de ações.

[b] As empresas comparáveis incluem LMT (Lockheed Martin) e NOC (Northrop Grumman). As empresas comparáveis se baseiam numa média ponderada do valor de mercado do patrimônio líquido em 1º de janeiro de 1991.

Hoje, a General Dynamics parece muito diferente de quando Anders deixou seu comando, mas seus princípios fundamentais permanecem intactos. A General Dynamics é a líder inquestionável do mercado em todas as suas linhas de negócios, com as maiores margens e retorno sobre ativos do setor e um balanço patrimonial inexpugnável. No final de 2007, Chabraja designou seu sucessor, Jay Johnson, que tinha um currículo impressionante: ele fora o mais jovem chefe de operações navais e CEO da Dominion Virginia Power, uma enorme concessionária de energia elétrica, antes de se tornar vice-presidente da General Dynamics e designado sucessor. No entanto, ele assumiu o lugar de um verdadeiro gigante, e caberá a ele preservar o histórico extraordinário da empresa nos anos de forte incerteza à sua frente.

Enquanto isso, Bill Anders se acomodou numa aposentadoria tipicamente ativa numa ilha remota do arquipélago de San Juan. Ele fundou um respeitado museu de aviação nos arredores de Seattle e, apesar de estar com quase 80 anos, ainda pilota aviões a jato. Embora se mantenha afastado da General Dynamics, ainda possui ações da empresa.

Os elementos básicos

O segredo para esses retornos fenomenais foi a abordagem altamente eficaz (embora incomum para os padrões do setor de defesa) da empresa à alocação de seus recursos humanos e de capital. Na área de operações, Anders e seus sucessores se concentraram em duas prioridades: descentralizar a organização e alinhar a remuneração da gerência aos interesses dos acionistas.

Não por acaso, dada a formação militar de muitos de seus CEOs, o setor de defesa tradicionalmente se caracteriza por estruturas organizacionais centralizadas e burocráticas. A General Dynamics, no entanto, sob o comando de Anders e seus dois sucessores, adotou uma estratégia organizacional muito diferente. No início da década de 1990, quando enxugaram as operações e reduziram drasticamente a equipe da sede, Anders e Mellor começaram a promover de forma ativa a descentralização e a transferir a responsabilidade para os níveis hierárquicos mais básicos da organização, o que eliminou camadas da gerência média. Essa opção pela descentralização continuaria e seria ampliada significativamente por Chabraja.

Ao final do período de Chabraja, a empresa viria a ter mais funcionários do que quando Anders chegou, mas apenas um quarto da equipe na sede corporativa. Haveria apenas duas pessoas entre o CEO e o chefe de qualquer centro de lucro, enquanto antes havia quatro. Todo o pessoal de relações humanas, assessoria jurídica e contabilidade na sede foi eliminado ou transferido para as divisões operacionais, e houve um esforço consciente para reduzir ao mínimo o envolvimento da equipe nas divisões, para impedir que a sede "mexesse com o pessoal operacional", como diz Chabraja. Os gerentes operacionais ficariam encarregados (nas palavras de Chabraja, "responderiam gravemente") por atingirem suas metas de orçamento e seriam deixados em paz se o fizessem.[10]

A partir do período de Anders, a empresa também começou a enfatizar a remuneração baseada no desempenho. No início da década de 1990, Anders sabia que precisaria oferecer um potencial significativo em termos de remuneração para atrair novos gerentes para a General Dynamics. Ele teria preferido estabelecer um programa tradicional de opções de ações, mas o conselho lhe informou que os acionistas, insatisfeitos com o fraco desempenho das ações nos anos anteriores à sua chegada, não aprovariam a ideia. Anders, no entanto, queria alinhar os gerentes com os acionistas e desenvolveu um plano de remuneração que recompensaria os gerentes por melhorias sustentadas no preço das ações.

O problema com esse plano era que, quase imediatamente após sua implementação, o preço das ações decolou quando Wall Street começou a entender o efeito das medidas inesperadas de Anders, o que resultou em bônus muito antecipados e vultuosos para a gerência. A imprensa se concentrou imediatamente nos bônus, que se tornaram altamente polêmicos. A empresa, no entanto, permaneceu comprometida com a remuneração baseada no desempenho e hoje os bônus e as opções de ações continuam sendo os principais componentes da remuneração dos executivos na General Dynamics.

. . .

Sob Anders e seus sucessores, a abordagem da empresa para levantar e alocar capital era altamente diferenciada da de seus pares no setor de defesa. Com os enormes rendimentos dos desinvestimentos iniciais de Anders e os fluxos de caixa operacionais consistentes e saudáveis, a General Dynamics não precisou recorrer a uma alavancagem financeira significativa ou, com uma única e enorme exceção, emitir ações.

Essa exceção, no entanto, ajuda a destacar um aspecto importante sobre a alocação de capital. O evento central da gestão de Chabraja foi a aquisição da Gulfstream. Mas como ele pagou por essa aquisição gigantesca, exatamente? Sua abordagem foi oportunista e incomum: afastando-se radicalmente do manual de Anders, Chabraja vendeu ações. Muitas ações. Parecia ser uma medida diluente. Uma análise mais detalhada, no entanto, revela sua sofisticação (e o parentesco com os princípios de Anders).

Como mostra a Figura 3-2, a oferta de ações coincidiu com o recorde histórico do múltiplo de negociação das ações da General Dynamics (não muito diferente da grande compra da Gen Re por Buffett, também realizada em troca de ações negociadas com um ágio recorde).

Como Chabraja me descreveu: "O que me levou a perceber que as ações estavam sendo negociadas com um ágio significativo em relação à nossa norma histórica: 23 vezes o lucro projetado para o ano seguinte *versus* uma média histórica de 16 vezes. Então, o que você faz com uma ação supervalorizada? Usa-a para adquirir um ativo *premium* em um campo relacionado com um múltiplo menor e se beneficia da arbitragem".[11] Como resumiu Ray Lewis, "Nick vendeu ações equivalentes a um terço da empresa para adquirir um negócio que forneceu metade do nosso fluxo de caixa operacional consolidado".[12]

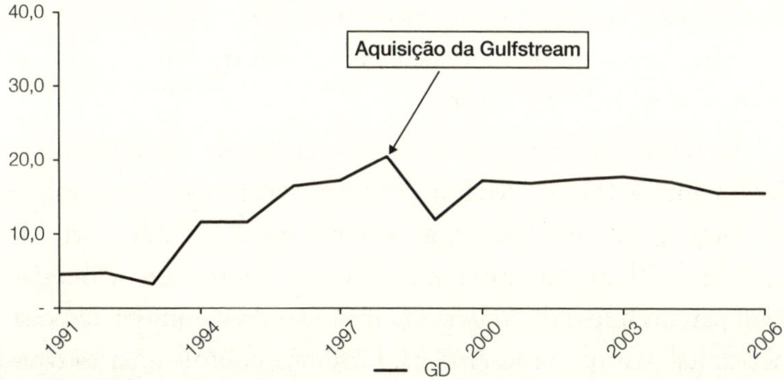

FIGURA 3-2

Índice P/L — baseado no P/L médio por ano.

Fonte: Center for Research in Security Prices (CRSP) e relatório anual da General Dynamics.

Assim como quando Anders vendeu a divisão de caças F-16 da empresa, a venda de ações por Chabraja ressalta a questão importante de que os melhores alocadores de capital são práticos, oportunistas e flexíveis. Eles não ficam limitados por ideologias ou estratégias. Em 1999, Chabraja enxergou uma oportunidade única de crescer e diversificar sua empresa com o uso de uma moeda de troca excepcionalmente barata, e a aproveitou, o que agregou um valor econômico significativo para os seus acionistas.

. . .

Então, o que exatamente esse trio fez com todo esse dinheiro?

Quando se tratava de alocação de capital, Anders e seus sucessores tomaram decisões consistentemente, e muitas vezes radicalmente, diferentes das de seus maiores pares. Numa época em que seus pares estavam em plena farra de aquisições, Anders, como vimos, era um *vendedor* ativo. Ele não fez aquisições, gastou pouquíssimo em despesas de capital e fez uso inteligente de dividendos e recompras de ações, ambas as práticas novidades no setor.

Após o longo exercício de encolhimento de Anders, a principal contribuição de Mellor no campo da alocação foi reabrir as portas para aquisições com a transação de grande porte da Bath em 1995, ao mesmo tempo que continuou com a abordagem parcimoniosa de Anders em relação a dividendos e despesas de capital. Assim como Anders, Chabraja adotou uma estratégia de alocação idiossincrática: gastar significativamente menos dinheiro em despesas de capital e distribuir dividendos mais baixos do que seus pares enquanto dedicava recursos substanciais a aquisições e recompras esporádicas de ações.

Os retornos dessas recompras foram excelentes, com média de 17% em todo o período. Todos os três CEOs estavam comprometidos com as recompras, sendo Anders e Chabraja os mais ativos nessa importante área. Como vimos, a contribuição de Anders nessa área (com a ajuda de Kapnick) foi a oferta de 1992, quando 30% das ações da empresa foram recompradas.

Curiosamente, Chabraja também foi um recomprador enérgico das ações da General Dynamics. Apesar da sua formação jurídica, ele pensava como um investidor: Chabraja comparava continuamente o preço das ações da General Dynamics com seu valor intrínseco e avançava firme quando identificava discrepâncias. Como disse Ray Lewis sobre a era Chabraja: "Comprávamos muito quando achávamos que poderíamos tirar proveito da precificação equivocada das nossas ações pelo mercado".[13]

. . .

Anders e Chabraja tinham personalidades ranzinzas semelhantes. Ambos eram iconoclastas combativos e nenhum tinha paciência com quem não tem neurônios (uma atitude que não era de forma alguma atípica do grupo mais amplo de CEOs *outsiders*). Eles lidavam com os analistas de Wall Street da mesma maneira que o técnico de futebol americano Bill Parcells lida com os repórteres, com um comportamento geral que muitas vezes beirava o desdém. Eles simplesmente não enxergavam o valor em tentar conquistar a simpatia dos analistas e, embora Wall Street não valorizasse totalmente sua irritabilidade, os acionistas da General Dynamics com certeza o faziam.

P.S.: a forma mais sincera de elogio

Se a imitação é a forma mais sincera de elogio, a General Dynamics recentemente foi muito lisonjeada pela Northrop Grumman, uma das maiores empresas do setor de defesa e líder na fabricação de caças e sistemas de mísseis. Os retornos das ações da empresa desde o início da década de 1990 ficaram atrás dos da General Dynamics por uma ampla margem.

Quando o novo CEO Wes Bush assumiu a empresa em 2009, anunciou uma mudança drástica de estratégia, que incluía a venda de ativos não essenciais, uma nova ênfase no retorno sobre o patrimônio líquido e em recompras de ações e uma redução significativa no quadro de lotação da sede. Soa familiar?

Como afirmou um analista de Wall Street: "As medidas que estão sendo tomadas na Northrop Grumman [...] lembram as mudanças realizadas pela General Dynamics no início da década de 1990 [...] [e] vão de encontro ao comportamento típico das empresas de defesa, que historicamente tendem a enfatizar demais o crescimento [da receita] [...]. A General Dynamics superou radicalmente o desempenho das outras empresas de defesa, que continuaram a busca por escala [...] nos últimos 20 anos".

Desde o anúncio dessa nova estratégia por Bush e os primeiros sinais de sua implementação, as ações da Northrop deram um salto. Hoje, sob um clima muito diferente em termos de política externa, a fórmula de Anders continua tão eficaz e robusta quanto era logo após a queda do Muro.

4

Criação de valor em fluxo acelerado

John Malone e a TCI

Não revogaram as leis da aritmética... ainda, pelo menos.

—*John Malone*

A sorte é o que sobra do plano.

—*Branch Rickey*

Em 1970, John Malone já estava na McKinsey há tempo suficiente para reconhecer uma indústria atraente quando a enxergava, e quanto mais Malone aprendia sobre o negócio da TV a cabo, mais gostava. Três coisas em particular chamaram sua atenção: as receitas altamente previsíveis, semelhantes às de concessionárias de serviços públicos; as características fiscais favoráveis; e o amplo crescimento feito erva daninha. Em seus anos na McKinsey, Malone jamais havia visto essas características combinadas no mesmo setor, e logo concluiu que queria fazer carreira na TV a cabo.

A combinação de alto crescimento e previsibilidade, em especial, era muito atraente. Durante a década de 1960 e no início da de 1970, a indústria de TV a cabo apresentou um crescimento muito acelerado, sendo que o número de assinantes se multiplicou mais de 20 vezes à medida que as comunidades rurais de todo o país buscavam uma melhor recepção de sinais de televisão para seus canais e programas favoritos. Os assinantes de TV a cabo pagavam mensalidades e quase nunca cancelavam o serviço, o que tornava o negócio altamente quantificável e permitia que executivos experientes previssem o crescimento e a lucratividade dos clientes com uma precisão incrível. Isso combinava quase perfeitamente com o passado de Malone, que era particularmente quantitativo. Parafraseando Norman Mailer, foi o caso do Super-Homem que chegou ao supermercado.

. . .

Malone nasceu em 1941, em Milford, Connecticut. Seu pai era engenheiro de pesquisa e sua mãe, ex-professora. Malone idolatrava o pai, que viajava cinco dias por semana para visitar fábricas da General Electric. Na adolescência, demonstrou aptidão mecânica precoce e ganhava trocados comprando, reformando e vendendo rádios usados. Era um jovem atlético e competiu em esgrima, futebol e atletismo no ensino médio. Malone se formou em Yale com um diploma combinado em economia e engenharia elétrica e quase imediatamente se casou com Leslie, sua namoradinha do ensino médio.

Depois de Yale, Malone fez mestrado e doutorado em pesquisa operacional na Johns Hopkins. Suas duas áreas acadêmicas, engenharia e operações, eram altamente quantitativas e compartilhavam um foco na otimização, na minimização do "ruído" e na maximização da "saída". Na verdade, toda a carreira futura de Malone pode ser imaginada como um exercício prolongado de engenharia de valor hipereficiente, centrada em maximizar a produção na forma de valor para os acionistas e minimizar o ruído de outras fontes, incluindo impostos, despesas gerais e regulamentações.

Após finalizar o doutorado, Malone conseguiu um emprego na Bell Labs, o braço de pesquisa de grande prestígio da AT&T. Lá, se concentrou em estudar estratégias ótimas em mercados monopolistas. Após uma extensa modelagem financeira, concluiu que a AT&T deveria aumentar seu nível de endividamento e reduzir proativamente sua base de capital próprio por meio da recompra de ações. Esse conselho pouco ortodoxo foi recebido com polidez pela diretoria da AT&T (e imediatamente ignorado).

Depois de alguns anos, Malone concluiu que a cultura burocrática da AT&T não era para ele e conseguiu um emprego na McKinsey Consulting. Tendo prometido à esposa que não duplicaria a agenda de viagens de seu pai, logo descobriu que passava quatro dias por semana na estrada, trabalhando para várias empresas da *Fortune* 500. Em 1970, quando um desses clientes, a General Instrument, lhe ofereceu a oportunidade de dirigir a Jerrold, sua divisão de equipamentos de TV a cabo em franco crescimento, aproveitou a oportunidade. Ele tinha 29 anos.

Na Jerrold, Malone cultivou ativamente relacionamentos com as principais empresas de TV a cabo e, após dois anos, foi recrutado por duas das maiores operadoras ao mesmo tempo: Steve Ross, da Warner Communications, e Bob Magness, da Tele-Communications Inc. (TCI). Apesar de um salário 60% menor do que a oferta de Ross, ele escolheu a TCI porque Magness lhe ofereceu uma oportunidade maior de participação societária e porque sua esposa preferia a relativa calma de Denver ao ritmo frenético de Manhattan.

A empresa na qual Malone decidiu ingressar tinha uma longa história de crescimento vigoroso e logo estaria flertando com a falência. Bob Magness fundara a TCI em 1956, e hipotecou sua casa para pagar seu primeiro sistema de TV a cabo em Memphis, Texas. Magness, um fazendeiro e caixeiro-viajante que vendia sementes de algodão, aprendeu sobre o negócio da televisão a cabo enquanto pegava carona e, como Malone, 15 anos depois reconheceu imediatamente suas características econômicas atraentes. Em particular, Magness compreendeu imediatamente as características fiscais favoráveis do setor.

Operadores de TV a cabo prudentes podiam e conseguiam usar dívidas para construir novos sistemas e recorrer a uma depreciação vigorosa dos custos de construção para proteger seu fluxo de caixa dos impostos. Esses encargos de substanciais depreciações reduziam a renda tributável, assim como a despesa com juros em relação à dívida, e o resultado era que empresas de TV a cabo bem administradas raramente apresentavam lucro líquido e, logo, também raramente pagavam impostos, apesar dos fluxos de caixa bastante saudáveis. Se um operador então usasse dívidas para comprar ou construir sistemas adicionais e depreciasse os ativos recém-adquiridos, era capaz de proteger seu fluxo de caixa para sempre. Magness foi um dos primeiros a reconhecer plenamente esses atributos e fez uso ativo da alavancagem para construir sua empresa. Ele era famoso por dizer que era "melhor pagar juros do que impostos".

A TCI abriu seu capital em 1970 e, em 1973, quando Malone ingressou nela, tornou-se a quarta maior empresa de TV a cabo do país, com 600 mil assinantes. Seu nível de endividamento naquela época era de incríveis 17 vezes a receita. Magness percebeu que precisava de mais talentos gerenciais para guiar a empresa na próxima fase de seu crescimento e, após um longo namoro, conquistou o prodígio da McKinsey. Malone levou consigo para a TCI uma combinação incomum de talentos, incluindo capacidade analítica excepcional, sofisticação financeira, conhecimento técnico e ousadia. Seu período na empresa teve um começo difícil, no entanto.

No final de 1972, o mercado de ações de TV a cabo estava aquecido e a TCI planejou uma oferta pública adicional para saldar uma parte do seu endividamento extraordinário. Poucos meses após a chegada de Malone, porém, o setor foi pego de surpresa por novas regulamentações e o mercado para as suas ações esfriou, o que forçou a empresa a retirar sua oferta. A posição de dívida da TCI era insustentável.

A evaporação repentina da liquidez resultante do embargo do petróleo árabe de 1973 a 1974 deixou toda a indústria em uma posição precária. A TCI, no entanto, com seu novo CEO de 32 anos, tinha uma sobrecarga de dívidas significativamente maior do que qualquer um de seus pares e estava à beira da falência. "Mais baixo do que titica de baleia [sic]", é a avaliação tipicamente ríspida de Malone sobre seu ponto de partida na TCI.[1]

Malone recebera uma mão ruim, e ele e Magness passaram os anos seguintes tentando acalmar os credores e evitar que a empresa fosse à falência. Eles se reuniam constantemente com banqueiros. Durante uma reunião particularmente tensa com os credores, Malone jogou suas chaves na mesa e saiu da sala, dizendo: "Se querem os sistemas, podem levar". Os banqueiros em pânico acabaram por ceder e concordaram em aditar os termos dos empréstimos da TCI.

Durante esse período, Malone introduziu uma nova disciplina financeira e operacional na empresa, dizendo a seus gerentes que, se pudessem aumentar o número de assinantes em 10% ao ano ao mesmo tempo que preservavam suas margens, ele garantiria que permaneceriam independentes. Uma cultura frugal e empreendedora surgiu nesses anos e permeou a empresa, estendendo-se da sede corporativa até as operações de campo.

A sede da TCI não parecia a sede da maior empresa de um setor que redefinia o cenário da mídia norte-americana. Os escritórios da empresa eram espartanos, com poucos executivos na sede, ainda menos secretárias e mesas de metal descascadas nos pisos de fórmica. A empresa tinha uma única recepcionista e um serviço automatizado atendia o telefone. Os executivos da TCI dividiam quartos quando viajavam, e geralmente ficavam em hotéis de beira de estrada. Como lembra J. C. Sparkman, o diretor de operações, "os Holiday Inns eram um luxo raro para nós naquela época".[2]

Malone se enxergava como investidor e alocador de capital, delegando a responsabilidade pelas operações diárias a Sparkman, seu braço direito de longa data, que administrava as operações longínquas da empresa por meio de um rigoroso processo orçamentário. Esperava-se que os gerentes atingissem suas metas de orçamento de fluxo de caixa, que eram aplicadas com uma disciplina quase militar por Sparkman, um ex-oficial da Força Aérea. Os gerentes em campo tinham um alto grau de autonomia, desde que atingissem suas metas. Os gerentes de sistema que estouravam os orçamentos mensais recebiam visitas frequentes do COO itinerante, e aqueles com mau desempenho eram eliminados rapidamente.

Por causa dessa frugalidade, a TCI teve por muito tempo as maiores margens do setor, e conquistou a reputação junto a seus investidores e credores de ser uma empresa que sempre prometia de menos e cumpria demais. Ao folhear relatórios de analistas do início da história da empresa, percebe-se um padrão recorrente e consistente de fluxo de caixa e números de assinantes ligeiramente acima do projetado, trimestre após trimestre.

O complexo de edifício

Parece haver uma correlação inversa entre a construção de novas sedes complexas e os retornos dos investidores. Nos últimos dez anos, por exemplo, três empresas de mídia — a New York Times Company, a IAC e a Time Warner — construíram arranha-céus luxuosos e elaborados no centro de Manhattan, verdadeiros Taj Mahals, a custos astronômicos. Durante esse período, nenhuma dessas empresas realizou recompras significativas de ações ou teve retornos superiores aos do mercado. Por outro lado, *nenhum* dos CEOs *outsiders* construiu sedes luxuosas.

. . .

Em 1977, a TCI finalmente crescera a ponto de conseguir atrair um consórcio de seguradoras para substituir os bancos por dívidas de menor custo. Com seu balanço estabilizado, Malone finalmente conseguiu partir para o ataque e implementar sua estratégia para a TCI, que não tinha nada de convencional e era o produto de um *insight* estratégico central que vinha germinando desde que ingressara na empresa.

Malone, engenheiro e otimizador, percebeu logo no início que o segredo para criar valor no negócio de TV a cabo era maximizar a alavancagem financeira e a alavancagem com os fornecedores, principalmente programadoras, e que o fator crucial para ambos os tipos de alavancagem era o tamanho. Era uma ideia simples, mas que ocultava um poder enorme, e Malone a perseguiu com uma tenacidade obstinada. Como disse a David Wargo, investidor de longa data da TCI, em 1982, "*O* segredo para a lucratividade e para o sucesso futuros no negócio de TV a cabo será a capacidade de controlar os custos de programação por meio da alavancagem do tamanho".[3]

Em um sistema de TV a cabo, a maior categoria de custo (40% das despesas operacionais totais) diz respeito a taxas pagas às programadoras (HBO, MTV, ESPN, etc.). Operadoras de TV a cabo maiores são capazes de negociar menores custos de programação por assinante, e quanto mais assinantes uma empresa de TV a cabo tiver, menor será seu custo de programação (e maior será seu fluxo de caixa) por assinante. Esses descontos continuam a crescer com o tamanho, o que gera vantagens de escala poderosas para os maiores *players*.

Assim, o maior *player* com os menores custos de programação teria uma vantagem sustentável em fazer novas aquisições em relação aos *players* menores, pois conseguiriam pagar mais por uma empresa de TV a cabo e ainda obter retornos iguais ou melhores, o que, portanto, criaria um ciclo virtuoso de escala mais ou menos assim: ao comprar mais sistemas, você reduz seus custos de programação e aumenta seu fluxo de caixa, o que permite mais alavancagem financeira, que pode então ser usada para comprar mais sistemas, o que melhora ainda mais seus custos de programação e assim por diante, interminavelmente. A lógica e o poder desse ciclo de retroalimentação parecem óbvios hoje, mas ninguém na época chegou perto de buscar a ampliação da escala de forma tão enérgica quanto Malone e TCI.

Relacionada a essa ideia central estava a percepção de Malone de que maximizar o lucro por ação (LPA), o Cálice Sagrado para a maioria das empresas de capital aberto naquela época, era inconsistente com a busca de escala no ramo ainda incipiente da TV a cabo. Para Malone, maior lucro líquido significava impostos mais altos, e ele acreditava que a melhor estratégia para uma empresa de TV a cabo seria usar todas as ferramentas disponíveis para *minimizar* os lucros divulgados e os impostos e financiar o crescimento interno e as aquisições com fluxo de caixa antes dos impostos.

É difícil exagerar o quanto essa abordagem era pouco convencional. Na época, Wall Street avaliava empresas com base no LPA. Ponto final. Por muito tempo, Malone esteve sozinho nessa abordagem no setor de TV a cabo; outras grandes empresas do ramo inicialmente administravam suas organizações em nome do LPA, e só mais tarde migraram para o foco em fluxo de caixa (a Comcast finalmente mudou em meados da década de 1980), quando perceberam a dificuldade de mostrar LPA ao mesmo tempo que expandiam o negócio de TV a cabo. Como me disse Dennis Leibowitz, analista de longa data do setor de TV a cabo: "Ignorar o LPA deu à TCI uma importante vantagem competitiva inicial em relação a outras empresas de capital aberto".[4]

Embora essa estratégia pareça óbvia hoje e tenha sido copiada pelos colegas de Malone nas outras empresas de capital aberto, na época Wall Street não sabia o que pensar dela. Em vez do LPA, Malone enfatizava o fluxo de caixa para credores e investidores e, no processo, inventou um novo vocabulário, que os gestores e investidores de hoje consideram natural. Termos e conceitos como *EBITDA* (lucro antes de juros, impostos, depreciação e amortização) surgiram originalmente no léxico comercial de Malone. O EBITDA, em particular, era um conceito radicalmente novo, que usava uma parte da demonstração de resultados com muito menos descontos do que qualquer um havia feito antes para chegar a uma definição pura da capacidade de geração de caixa de uma empresa antes do pagamento de juros, impostos e encargos de depreciação ou amortização. Hoje, o EBITDA é usado em todo o mundo dos negócios, sobretudo nos setores de *private equity* e de bancos de investimento.

. . .

O mercado de ações de TV a cabo permaneceu volátil durante a década de 1970 e no início da seguinte. Malone e Magness, preocupados com o potencial de uma aquisição hostil, aproveitavam as crises ocasionais do mercado para recomprar ações de maneira oportunista, o que aumentava sua participação combinada. Em 1978, criaram uma classe de ações B supervotantes e, por meio de uma série complexa de recompras e negociações, conseguiram garantir o que John Sie, executivo de longa data da empresa, chama de "controle rígido" da TCI em 1979, quando sua participação combinada nas ações B atingiu 56%.

A partir de então, com o controle nas mãos e um balanço patrimonial mais saudável, Malone se concentrou em ampliar a escala com uma combinação única de implacabilidade e criatividade. Usando a capacidade de endividamento oferecida pelos novos credores da empresa, o fluxo de caixa interno e ofertas de ações pontuais, Malone iniciou um programa de aquisições extraordinariamente ativo. Entre 1973 e 1989, a empresa fechou 482 aquisições, uma média de uma a cada duas semanas. Para Malone, um assinante era um assinante era um assinante. Como disse Rick Reiss, investidor de longa data: "Em busca de escala, ele estava disposto a procurar uma propriedade à beira-mar mesmo que fosse vizinha de um depósito de lixo tóxico". Ao longo dos anos, Malone comprou sistemas de vendedores que iam desde o sindicato dos caminhoneiros até a ex-primeira-dama Lady Bird Johnson.[5]

Contudo, ele não comprava indiscriminadamente. No final da década de 1970 e início da seguinte, o setor entrou em uma nova fase com o advento dos canais via satélite, como HBO e MTV. De repente, a TV a cabo passou de um serviço voltado principalmente para clientes rurais com problemas de recepção para a oferta de novos canais ultradesejáveis para mercados urbanos carentes de conteúdo. Quando o setor entrou nessa nova etapa, muitas das maiores empresas de TV a cabo começaram a se concentrar em competir por grandes franquias metropolitanas, e a concorrência por essas franquias logo se tornou cara e acirrada.

Malone, ao contrário de seus colegas, não se sentia à vontade com as draconianas condições contratuais econômicas que os municípios estavam extraindo de operadoras de TV a cabo obedientes. A TCI foi a única entre as maiores empresas de TV a cabo a não entrar nessas guerras por franquias. Em vez disso, a empresa se concentrou em adquirir assinantes rurais e suburbanos mais baratos. Em 1982, a TCI era a maior empresa do setor, com 2,5 milhões de assinantes.

Quando muitas das primeiras franquias urbanas entraram em colapso sob uma combinação de dívidas em excesso e condições econômicas adversas, Malone contra-atacou e adquiriu o controle por uma fração do custo original. Dessa forma, a empresa passou a controlar as franquias de TV a cabo de Pittsburgh, Chicago, Washington, St. Louis e Buffalo.

Ao longo dos anos 1980, auxiliada por um relaxamento muito favorável das regulamentações da FCC em meados da década, a TCI continuou a comprar sistemas em um ritmo acelerado, misturando negócios maiores ocasionais (Westinghouse e Storer Communications) com um fluxo constante de pequenas transações. Além disso, a empresa continuou a expandir ativamente sua carteira de *joint ventures*, formando parcerias com empreendedores lendários do setor de TV a cabo, como Bill Bresnan, Bob Rosenkranz e Leo Hindery, para criar empresas de TV a cabo nas quais a TCI possuía participações minoritárias. Em 1987, a empresa tinha o dobro do tamanho de sua maior concorrente, a ATC, da Time Inc.

A criatividade de Malone ficou ainda mais evidente em uma onda de *joint ventures* no final dos anos 1970 e início dos anos 1980, na qual formou parcerias com jovens programadores e empreendedores de TV a cabo promissores. Uma lista parcial desses parceiros parece uma lista do hall da fama da TV a cabo, incluindo nomes como Ted Turner, John Sie, John Hendricks e Bob Johnson. Ao montar essas parcerias, Malone na verdade atuava como um capitalista de risco extremamente criativo, que buscava ativamente empreendedores jovens e talentosos e lhes oferecia acesso às vantagens de escala da TCI (seus assinantes e descontos de programação) em troca de participações minoritárias em seus negócios. Dessa forma, Malone gerou enormes retornos para seus acionistas. Quando via um empreendedor ou uma ideia de que gostava, ele estava preparado para agir rápido.

A partir de 1979, quando preencheu um cheque de US$ 500 mil para Bob Johnson, fundador da Black Entertainment Television (BET), no final de sua primeira reunião, Malone começou a buscar ativamente participações em entidades de programação. Em troca, oferecia uma combinação potente de capital inicial e acesso aos milhões de assinantes da TCI e suas famílias. Malone liderou um consórcio de empresas de TV a cabo que resgatou a Turner Broadcasting System de Ted Turner (cujos canais incluíam CNN e Cartoon Network) quando esta flertou com a falência em 1987; e no final da década de 1980, o portfólio de programação da TCI incluía Discovery, Encore, QVC e BET, além dos canais da Turner. Ele agora era um importante proprietário de sistemas de TV a cabo e de programação para esses sistemas.

O início da década de 1990 produziu uma tempestade quase perfeita de más notícias para o setor de TV a cabo, com o impacto combinado da nova legislação de transações altamente alavancadas (HLT — *highly leveraged transaction*) em 1990, que limitava o acesso do setor ao capital de dívida, e, mais significativamente, o endurecimento das regulamentações da FCC para a TV a cabo em 1993, que reduziu as tarifas. Apesar desses fatos negativos, Malone continuou a adquirir seletivamente grandes sistemas de TV a cabo (Viacom e United Artists Cable) e a lançar novas redes de programação, incluindo Starz/Encore e uma série de redes esportivas regionais em parceria com Rupert Murdoch e a Fox.

Em 1993, em um evento que chocou o mercado, Malone chegou a um acordo para vender a TCI para a gigante telefônica Bell Atlantic por US$ 34 bilhões em ações. O negócio foi cancelado, no entanto, quando a re-regulamentação entrou em vigor e o fluxo de caixa e o preço das ações da TCI caíram. Com o passar da década, Malone dedicou mais tempo a projetos fora do negócio principal de TV a cabo. Ele liderou um consórcio de empresas de cabo na criação de duas novas entidades de grande porte: A Teleport, um serviço telefônico competitivo, e a Sprint/PCS, uma *joint venture* com a Sprint para participar de leilões de franquias de telefonia móvel.

Ao empreender essas novas iniciativas, Malone alocava o capital da empresa e seu próprio tempo a projetos que, na sua opinião, aproveitavam a posição dominante da empresa no mercado e ofereciam retornos potenciais atraentes. Em 1991, executou a cisão das participações minoritárias da TCI em ativos de programação e criou uma nova entidade, a Liberty Media, da qual acabou por possuir uma participação pessoal significativa. Foi a primeira de uma série de *tracking stocks* (ações de rastreamento) que Malone criou, incluindo a TCI Ventures (para Teleport, Sprint/PCS e outros ativos não relacionados à TV a cabo) e a TCI International (para a participação da TCI em diversos ativos de TV a cabo estrangeiros).

Malone foi pioneiro no uso de cisões e *tracking stocks*, que acreditava que cumpriam dois objetivos importantes: (1) maior transparência, permitindo que os investidores avaliassem partes da empresa antes obscurecidas pela estrutura labiríntica da TCI; e (2) maior separação entre o principal negócio de TV a cabo da TCI e outros interesses relacionados (particularmente programação) que poderiam atrair a atenção dos órgãos regulatórios. Malone começou com a cisão do negócio de micro-ondas da Western Tele-Communications em 1981 e, até a época da venda para a AT&T, a empresa havia desmembrado incríveis 14 entidades diferentes para acionistas. Ao utilizar essas cisões, Malone, assim como Henry Singleton e Bill Stiritz, aumentava conscientemente a complexidade de seus negócios em busca do melhor resultado econômico possível para os acionistas.

Depois que Sparkman se aposentou em 1995, Malone delegou a autoridade sobre as operações de TV a cabo da empresa a uma nova equipe de gestão liderada pelo ex-executivo de marketing Brendan Clouston. Sob Clouston, a TCI começou a centralizar o atendimento ao cliente e a gastar pesado para atualizar suas instalações de TV a cabo defasadas. No terceiro trimestre de 1996, no entanto, a TCI ficou muito abaixo das suas projeções. A empresa perdeu assinantes pela primeira vez em sua história e apresentou um declínio no fluxo de caixa trimestral. Malone, decepcionado com esses resultados, reassumiu o comando e, estranhamente, tomou para si o controle direto da gestão das operações. Malone reduziu o quadro de lotação em 2.500 funcionários, interrompeu todos os pedidos de equipamentos de capital e renegociou agressivamente os contratos de programação. Também demitiu os consultores que haviam sido contratados para ajudar na atualização do sistema e devolveu a responsabilidade pelo atendimento ao cliente aos gestores dos sistemas locais.

À medida que as operações se estabilizaram e o fluxo de caixa melhorou, ele contratou Leo Hindery (CEO da InterMedia Partners, uma grande *joint venture* da TCI) para administrar as operações e voltou sua atenção aos projetos estratégicos. Hindery continuou o processo de reestruturação: trouxe de volta Marvin Jones, veterano da TCI, para ser seu diretor de operações, colocou mais responsabilidade nas mãos dos gerentes regionais e buscou ativamente transações para agrupar mais assinantes e reduzir os custos.

Depois que Hindery entrou na equipe, Malone concentrou sua atenção no desenvolvimento de decodificadores digitais que permitiriam ao setor competir efetivamente com os novos provedores de TV via satélite. Ele tentou atrair a Microsoft, mas acabou fechando um acordo com a General Instrument, a maior fabricante de equipamentos do setor, por 10 milhões de decodificadores a US$ 300 cada. Em troca, pediu uma participação acionária significativa na empresa, que chegou a 16%.

Em meio à crise operacional de 1996 e 1997, Bob Magness, mentor e parceiro de longa data de Malone, morreu, colocando em dúvida o controle da empresa. Por meio de uma série de transações tipicamente complexas, Malone conseguiu, junto com a empresa, comprar as ações supervotantes de Magness, o que garantiu o controle "rígido" durante a fase final da história da TCI.

. . .

No final da década de 1990, vários dos projetos estratégicos não relacionados à TV a cabo de Malone começaram a dar frutos significativos. Ele estava correto sobre o potencial de retorno deles: em 1997, a Teleport foi vendida para a AT&T por incríveis US$

11 bilhões, um retorno sobre o investimento *28 vezes*. Em 1998, a *joint venture* Sprint/PCS foi vendida para a Sprint Corporation por US$ 9 bilhões em ações da Sprint, e em 1999 a General Instrument foi vendida para a Motorola por US$ 11 bilhões.

No final da década de 1990, Malone voltou sua atenção para o problema de encontrar um lar para a TCI. Embora adorasse o negócio de TV a cabo, Malone era um executivo puramente racional e, já em 1981, havia dito ao analista David Wargo: "Achava que a TCI poderia valer US$ 48 por ação e venderia se alguém nos oferecesse isso".[6] Esse preço-alvo continuou a aumentar e por muito, muito tempo ninguém se dispôs a pagá-lo. No entanto, à medida que a década de 1990 avançava, Malone via uma combinação de fatores que formava nuvens negras sobre o futuro da TCI: a concorrência crescente da TV via satélite, o enorme custo de atualizar os sistemas rurais da empresa e a incerteza sobre a sucessão gerencial. Quando foi procurado por Mike Armstrong, o agressivo novo CEO da AT&T, ele iniciou discussões avidamente. Como era característico de Malone, conduziu as negociações sozinho, muitas vezes frente a uma multidão considerável de advogados, banqueiros e contadores da AT&T do outro lado da mesa.

À medida que as negociações entre as duas empresas avançavam, Malone mostrava que era tão hábil em vender quanto fora em adquirir. Conforme comentou Rick Reiss: "Ele virou a diretoria da AT&T de cabeça para baixo, sacudiu até cada centavo cair de seus bolsos e então os sentou de volta nos seus assentos do conselho".[7] As condições contratuais financeiras — 12 vezes o EBITDA, US$ 2.600 por assinante — eram extraordinárias e, surpreendentemente, a empresa não sofreu deságio algum pela sua colcha de retalhos de sistemas rurais decrépitos. Não é de surpreender que Malone, sempre atento a impostos desnecessários, tenha estruturado a venda como uma transação de ações, o que permitiu que seus investidores diferissem os impostos sobre ganhos de capital.

Além disso, Malone manteve o controle efetivo da subsidiária de programação Liberty com seis dos nove assentos no conselho e garantiu um contrato de distribuição atraente de longo prazo para os canais da Liberty nos sistemas de TV a cabo da AT&T. A transação foi a retumbante validação final da estratégia única de Malone na TCI: produzir retornos excepcionais para seus investidores. Na verdade, retornos estupidamente altos: nos 25 anos desde que Malone assumiu o comando da TCI, o setor de TV a cabo como um todo cresceu enormemente e todas as empresas de capital aberto prosperaram. Nenhum executivo de TV a cabo, no entanto, chegou perto de criar tanto valor para os acionistas quanto Malone. Entre sua estreia em 1973 e 1998, quando a empresa foi vendida para a AT&T, o retorno composto aos acionistas da TCI foi de fenomenais *30,3%*, em comparação com *20,4%* para outras empresas de TV a cabo de capital aberto e *14,3%* do S&P 500 no mesmo período (veja a Figura 4-1).

Um dólar investido com a TCI no início da era Malone valia mais de *US$ 900* em meados de 1998. Esse mesmo dólar valeria *US$ 180* se investido em outras empresas de TV a cabo de capital aberto e *US$ 22* se investido no S&P 500. Assim, o desempenho da TCI superou o do S&P em mais de *40 vezes* e seus pares de capital aberto em *cinco vezes* durante a gestão de Malone.

Os elementos básicos

O negócio de TV a cabo durante o período de Malone era extremamente intensivo em capital, com enormes quantias necessárias para construir, comprar e manter sistemas de TV a cabo. Enquanto Malone buscava aumentar sua base de assinantes

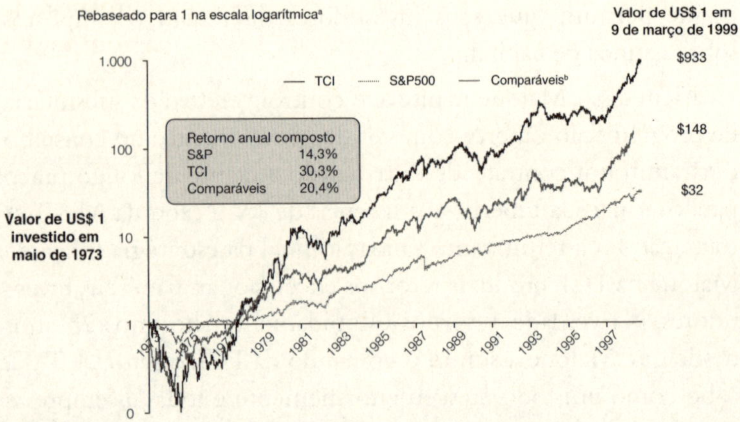

FIGURA 4-1

O retorno total aos acionistas superou radicalmente os retornos do S&P 500 e dos concorrentes durante o período de Malone.

Fonte: Center for Research in Security Prices (CRSP) e relatórios anuais da TCI.

[a] Inclui desdobramentos e dividendos de ações.

[b] As empresas comparáveis incluem Adelphia Communications, American Television & Communications, Cablevision Systems, Century Communications, Comcast, Cox Communications, Cox Cable, Falcon Cable Systems, Heritage Communications, Jones Intercable, Storer Broadcasting, TelePrompTer e United Cable Television.

como forma de ampliar a escala, três fontes primárias de capital estavam disponíveis para ele, além do robusto fluxo de caixa operacional da TCI: dívidas, ações e vendas de ativos. Malone fazia uso diferenciado de cada uma dessas fontes.

Malone foi pioneiro no uso ativo do endividamento no setor de TV a cabo. Ele acreditava que a alavancagem financeira tinha dois atributos importantes: multiplicava os retornos financeiros e ajudava a proteger o fluxo de caixa da TCI dos impostos por meio da dedutibilidade dos juros. Malone almejava um índice de cinco vezes a dívida em relação ao EBITDA e o manteve durante a maior parte das décadas de 1980 e 1990. A escala permitia à TCI minimizar o custo da dívida, e Malone, tendo sobrevivido à experiência traumática de meados da década de 1970, estruturava sua dívida com muito cuidado para reduzir os custos e evitar a garantia cruzada, de modo que, se um sistema entrasse em mora, isso não afetaria o crédito de toda a empresa. Essa compartimentalização em "anteparos" (termo derivado do fascínio de Malone pelo mundo náutico — às vezes, ele se referia à "onda de proa da depreciação" da TCI) aumentava a complexidade da estrutura da TCI, mas também proporcionava à empresa uma proteção substancial contra eventos adversos.

Quando se tratava de emitir ações, Malone era parcimonioso, com as ofertas ocasionais da empresa programadas para coincidir com múltiplos recordes de suas ações. Como Malone afirmou em uma entrevista em 1980, "O aumento recente no preço das nossas ações nos proporcionou uma boa oportunidade para essa oferta".[8] Ele tinha um orgulho justificado de sua sovinice na emissão de ações e acreditava que esse era outro fator que o distinguia de seus pares.

Malone vendia ativos de forma ocasional e oportunista. Ele avaliava friamente os valores públicos e privados dos sistemas de TV a cabo e negociava ativamente nos dois mercados quando identificava discrepâncias. Malone administrava cuidadosamente o estoque de prejuízos operacionais líquidos da empresa, acumulados ao longo de anos de depreciação e deduções de juros, o que lhe permitia vender ativos sem ser tributado. Como resultado desse benefício fiscal, ele não via problemas em vender sistemas se os preços fossem atraentes, para levantar capital para financiar o crescimento futuro. Como Malone disse a David Wargo já em 1981: "Talvez faça sentido vender alguns de nossos sistemas [...] a 10 vezes o fluxo de caixa para recomprar nossas ações a 7 vezes".[9]

Outra fonte importante de capital na empresa eram os impostos não pagos. Como vimos, a minimização de impostos foi um componente fundamental da estratégia de Malone na TCI, e ele levou a abordagem histórica de Magness aos impostos a um patamar totalmente novo. Malone odiava impostos; eles ofendiam sua ideologia libertária e ele aplicava sua mentalidade de engenharia ao problema de minimizar o "vazamento" de impostos, assim como teria minimizado o vazamento de sinal em um exame de engenharia elétrica. Mesmo à medida que o fluxo de caixa se multiplicou por 20 durante a gestão de Malone, a empresa nunca pagou impostos significativos.

Na verdade, a única extravagância de Malone em termos de equipe corporativa eram os tributaristas internos. A equipe tributária interna se reunia *mensalmente* para determinar as estratégias tributárias ideais, com reuniões presididas pelo próprio Malone. Quando vendia ativos, quase sempre vendia por ações (razão pela qual, até hoje, a Liberty tem grandes participações acionárias na News Corp., Time Warner, Sprint e Motorola) ou protegia ganhos por meio de prejuízos operacionais líquidos acumulados. Malone também recorria constantemente a estratégias tributárias de ponta. Como disse Dennis Leibowitz, "a TCI quase nunca alienava um ativo, a menos que houvesse um enfoque tributário".[10] Nenhuma outra empresa de TV a cabo chegava perto de dedicar tanto tempo e atenção a essa área quanto a TCI.

. . .

Dado o crescimento extraordinário do setor de TV a cabo durante as décadas de 1970 e 1980, Malone teve o luxo de opções de alocação de capital de alto retorno e estruturou a TCI para otimizá-las. Como seria de esperar de alguém com a sua formação, Malone tinha uma abordagem friamente racional, quase cirúrgica, à alocação de capital, e estava disposto a analisar qualquer projeto de investimento que oferecesse retornos atraentes, independentemente de complexidade ou falta de convencionalidade. Aplicando sua mentalidade de engenharia, Malone procurava aposta garantidas e se concentrava apenas em projetos com retornos atraentes. Curiosamente, não usava planilhas. Preferia projetos cujos retornos pudessem ser justificados por matemática simples. "Os computadores exigem uma quantidade imensa de detalhes", disse certa vez. "Sou matemático, não programador. Posso ser preciso, mas não sou exato."

Ao decidir como utilizar o capital da TCI, Malone fez escolhas radicalmente diferentes das de seus colegas. Nunca distribuiu dividendos (nem sequer os cogitou) e raramente saldava suas dívidas. Era parcimonioso com as despesas de capital, enérgico em relação às aquisições e oportunista com as recompras de ações.

Até o advento da competição da TV via satélite em meados da década de 1990, Malone não enxergava nenhum benefício quantificável em melhorar sua infraestrutura, a menos que isso resultasse em novas receitas. Para ele, a matemática era inegável: se os gastos de capital fossem menores, o fluxo de caixa seria maior. Por consequência, Malone se recusou durante anos firmemente a atualizar seus sistemas rurais, apesar dos apelos de Wall Street. Como comentou certa vez com a sua típica sinceridade: "Esses [sistemas rurais] são nossa escória e não tentaremos reconstruí-los".[11] Era uma atitude muito diferente da dos líderes de outras empresas de TV a cabo, que regularmente anunciavam seus investimentos pesados em novas tecnologias.

Ironicamente, esse CEO de TV a cabo com formação técnica significativa costumava ser o último a implementar novas tecnologias. Malone preferia o papel de "colonizador" tecnológico ao de "pioneiro". Ele entendia como seria caro e difícil implementar novas tecnologias e preferia esperar e deixar que seus pares testassem a viabilidade econômica de novos serviços. Sobre a decisão do início dos anos 1980 de adiar a introdução de um novo decodificador, Malone afirmou: "Não perdemos nenhum terreno importante por esperarmos para investir. Infelizmente, os pioneiros em tecnologia de TV a cabo em geral têm flechas cravadas nas costas". A TCI foi a última empresa de capital aberto a introduzir a programação *pay-per-view* (e quando isso aconteceu, Malone convenceu os programadores a ajudarem a pagar pelo equipamento).

No entanto, ele estava preparado para investir quando necessário e foi um dos primeiros no setor a promover os novos decodificadores caros para ajudar a aumentar a capacidade de canais e as opções dos clientes quando surgiu a competição da TV via satélite em meados da década de 1990.

Obviamente, o maior destino para a alocação de capital da TCI eram de longe as aquisições. Como vimos, Malone era um comprador enérgico, mas disciplinado, de sistemas de TV cabo, o que soa como uma contradição em termos. Ele comprou mais empresas do que qualquer outra pessoa — na verdade, comprou mais empresas do que seus três ou quatro maiores concorrentes juntos. Coletivamente, essas aquisições representavam uma enorme aposta no futuro da TV a cabo, um setor desde sempre caracterizado pela incerteza regulatória e por ameaças competitivas em potencial; e entre 1979 e 1998, o valor médio *anual* das aquisições da TCI equivaleu a incríveis 17% do valor da empresa (e superou 20% em cinco desses anos).

No entanto, ele também era um comprador de valor e logo desenvolveu uma regra simples que se tornou o alicerce do programa de aquisições da empresa: só compre empresas se o preço se traduzir em um múltiplo máximo de cinco vezes o fluxo de caixa após obter os benefícios facilmente quantificáveis dos descontos de programação e da eliminação de despesas gerais. É uma análise que pode ser feita numa única folha de papel (ou, se necessário, no verso de um guardanapo). Não exigia modelagem ou projeções detalhadas.

O que importava era a qualidade das premissas e a capacidade de alcançar as sinergias esperadas, e Malone e Sparkman treinavam suas equipes de operações para serem altamente eficientes na eliminação de custos desnecessários das novas aquisições. Imediatamente após a TCI assumir a fracassada franquia de Pittsburgh da Warner Communications, a empresa reduziu folha de pagamento pela metade, fechou os estúdios complexos que os proprietários anteriores haviam construído para o município e transferiu a sede de um arranha-céu no centro da cidade para um armazém de pneus. Em poucos meses, o sistema que antes dava prejuízos passou a gerar um fluxo de caixa significativo.

A regra simples de Malone permitia que agisse rapidamente quando uma oportunidade surgia. Quando a família Hoak, proprietária de uma empresa de TV a cabo com um milhão de assinantes, decidiu vendê-la em 1987, Malone conseguiu fechar um acordo com eles em uma hora. Ele também se sentia à vontade para abandonar transações que não cumpriam a regra. Paul Kagan, analista de longa data do setor, lembra que Malone se retirou de uma grande transação havaiana que ficara apenas US$ 1 milhão acima da sua meta de preço.

Malone era o único CEO entre as principais empresas de TV a cabo de capital aberto a ser também um comprador oportunista de suas próprias ações durante as quedas periódicas do mercado. Como disse Dennis Leibowitz: "Nenhum dos outros MSOs [*multiple system operators* — operadores de múltiplos sistemas] de capital aberto realizou recompras de ações significativas durante esse período".[12] A TCI, por outro lado, recomprou mais de 40% de suas ações durante a gestão de Malone. Seu *timing* com essas compras era excelente, e elas produziram um retorno composto médio de mais de 40%.

Uma conversa com Dave Wargo no início dos anos 1980 é típica da filosofia oportunista de Malone em relação às recompras: "Estamos avaliando todas as alternativas para comprar nossas ações aos preços atuais para arbitrar o diferencial entre seu múltiplo atual e o valor de mercado privado".[13] Essas recompras ofereciam valores de referência úteis para avaliar outras opções de alocação de capital, incluindo aquisições. Como disse Malone a Wargo em 1981: "Com nossas ações na casa dos 20 e poucos [...], comprá-las parece mais atraente do que comprar sistemas privados".[14]

. . .

Ao menu-padrão de cinco alternativas de alocação de capital, Malone acrescentou uma sexta: investimento em *joint ventures*. Nenhum CEO jamais usara *joint ventures* de forma tão ativa ou criara tanto valor para seus acionistas por meio delas quanto John Malone. Ele percebeu logo no início que poderia alavancar a escala da empresa para adquirir participações acionárias em programadoras e outras empresas de TV a cabo, e que essas participações poderiam agregar valor significativo aos acionistas, com pouquíssimos investimentos incrementais. Na época da venda para a AT&T, a empresa tinha *41* participações em parcerias diferentes, e grande parte do retorno de longo prazo da TCI pode ser atribuído a essas *joint ventures* de TV a cabo e de outros serviços.

Por causa dessas *joint ventures* poliglotas, a TCI tinha a fama de ser muito difícil de analisar e muitas vezes era vendida com deságio em relação aos seus pares no setor de TV a cabo. (Como disse David Wargo: "Para entender a empresa, era preciso ler *todas* as notas de rodapé, e quase ninguém lia".[15]) Malone, no entanto, acreditava que essa complexidade era um preço pequeno a pagar pelo enorme valor criado ao longo dos anos por esses projetos. Como acontece com muitas das iniciativas de Malone, essas *joint ventures* parecem lógicas em retrospectiva, mas na época eram bem pouco convencionais: ninguém mais no setor usava *joint ventures* para aumentar a participação no sistema e foi só mais tarde que outras MSOs começaram a buscar participações acionárias nas programadoras.

. . .

Apesar de sua abordagem fria e calculista, similar à do personagem Spock, Malone também conseguiu criar uma cultura muito forte e cultivar uma enorme lealdade por parte dos funcionários. Para isso, ele oferecia uma combinação poderosa de incentivos e autonomia. A TCI tinha um programa agressivo de compra de ações por parte de funcionários, no qual a empresa igualava as contribuições dos funcionários e convidava a participação de todos os níveis da organização. Muitos dos primeiros funcionários (supostamente incluindo a secretária de longa data de Malone) se tornaram milionários, e essa cultura promovia uma lealdade imensa: nos primeiros 16 anos de Malone no comando, nenhum executivo sênior deixou a empresa.

As operações da TCI eram incrivelmente descentralizadas, e mesmo em 1995, quando Sparkman se aposentou, apenas 17 funcionários trabalhavam na sede de uma empresa com 12 milhões de assinantes. Como disse Malone com franqueza característica: "Não acreditamos em equipes de apoio. São pessoas que questionam as decisões umas das outras". A empresa não tinha executivos de recursos humanos e só acabou contratando um relações públicas no final dos anos 1980. Segundo Dennis Leibowitz, a cultura da TCI era a de um grupo de "caubóis" frugais e voltados à ação que se definiam em contraponto ao pessoal mais conservador e burocrático da Costa Leste que dirigia outras grandes empresas de TV a cabo.

. . .

Malone criou um inteligente modelo de alocação de capital em empresas de rápido crescimento e em campos com uso intensivo de capital, seguido por executivos de setores que incluem a telefonia celular, o gerenciamento de documentos e as torres de comunicação. Entre os CEOs deste livro, Malone é o que mais se parece com aquele outro matemático de alto nível (e Ph.D.), Henry Singleton. Para os matemáticos, os *insights* geralmente surgem quando as variáveis são levadas a extremos, e Malone não foi exceção. Nada na TCI era caracterizado por meios-termos. A TCI era a maior empresa do setor de TV a cabo, com os menores custos de programação, as instalações com menor manutenção, a estrutura mais complexa e, sim, de longe os maiores retornos.

Sua gestão da TCI tinha uma qualidade de ascetismo. *Todos* os elementos da estratégia da empresa — desde a busca de escala, passando pela minimização de impostos até o uso ativo da alavancagem financeira — foram projetados para otimizar os retornos aos acionistas. Como disse Malone ao resumir sua abordagem analítica para construir a TCI: "Não revogaram as leis da aritmética… ainda, pelo menos". Um fato pelo qual seus acionistas são eternamente gratos.

5

A viúva assume o comando

Katharine Graham e a Washington Post Company

> Estabelecer e manter uma [abordagem] não convencional exige [...] com frequência parecer totalmente imprudente aos olhos do senso comum.
>
> — *David Swensen, Diretor de Investimentos, Fundo de Dotação da Universidade de Yale*

O caminho de Katharine Graham para se tornar presidente e CEO da Washington Post Company foi altamente incomum. Filha do proeminente financista (e proprietário do *Washington Post*) Eugene Meyer, ela cresceu em um ambiente privilegiado de empregados, internatos, casas decampo e viagens internacionais. Em 1940, casou-se com Philip Graham, um brilhante advogado formado em Harvard e protegido do juiz da Suprema Corte Felix Frankfurter. Graham foi escolhido por Meyer em 1946 para dirigir a empresa, o que faria com brilhantismo intermitente até sua morte repentina por suicídio em 1963. Após a morte trágica, Katharine se viu forçada inesperadamente a assumir o cargo de CEO.

Seria impossível exagerar o despreparo de Graham para o cargo. Aos 46 anos, era mãe de quatro filhos e não trabalhava regularmente desde o nascimento do primeiro, quase 20 anos antes. Com a morte inesperada de Phil, ela se tornou da noite para o dia a única diretora executiva mulher de uma empresa de porte para figurar na *Fortune* 500. Tímida por natureza, ficou compreensivelmente aterrorizada. Essa história, embora fantástica, é bem conhecida (a melhor versão, de longe, é a própria autobiografia de Graham, publicada em 1997 e vencedora do Prêmio Pulitzer, intitulada *Personal History* [História Pessoal]).

O que é menos celebrado é o que Graham fez pelos seus acionistas. Entre a oferta pública inicial da empresa em 1971 até o momento em que deixou o cargo de presidente do conselho em 1993, o retorno anual composto para os acionistas foi de incríveis *22,3%*, o que superou em muito tanto o S&P (*7,4%*) quanto seus pares (*12,4%*). Um dólar investido na IPO valia *US$ 89* quando ela se aposentou, contra *US$ 5* para o S&P e *US$ 14* para seu grupo de pares. Como mostra a Figura 5-1, ela superou o S&P em *18 vezes* e seus pares em mais de *seis vezes*. Graham foi simplesmente a melhor executiva de imprensa do país durante esse período de 22 anos, e a melhor por uma margem muito ampla.

. . .

Quando Graham assumiu a presidência da Washington Post Company em 20 de setembro de 1963 (apenas dois meses antes da morte de seu amigo John F. Kennedy), ela herdou uma empresa que havia crescido significativamente sob a liderança de Phil e que possuía uma carteira de ativos de mídia, incluindo o próprio *Post* (um dos três jornais no crescente mercado de

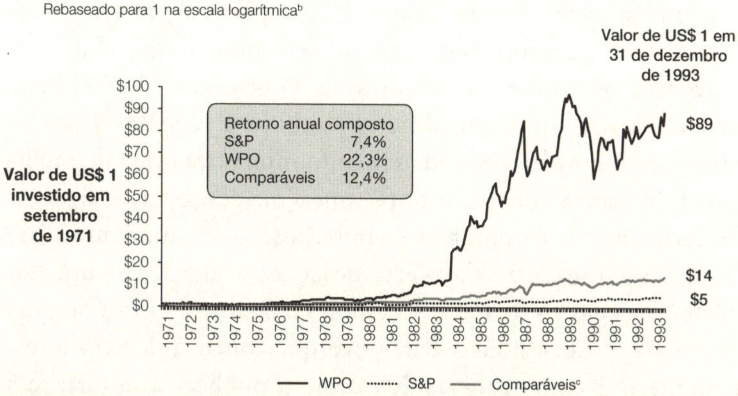

FIGURA 5-1

O retorno total da Washington Post Company (WPO) para os acionistas excedeu drasticamente os retornos do S&P 500 e dos concorrentes durante o período de Graham.[a]

Fonte: Center for Research in Security Prices.

[a] Para fins deste número, presume-se que o período de Graham tenha começado em 1971 (e não em 1963), quando a WPO abriu seu capital.

[b] Inclui desdobramentos e dividendos de ações.

[c] As empresas comparáveis incluem Gannett Co., Knight Ridder, Media General, The New York Times Company e Times Mirror Company, ponderadas por capitalização de mercado.

Washington DC), a revista *Newsweek* e três emissoras de televisão na Flórida e no Texas.

Ela dedicou os anos seguintes a se acostumar ao novo cargo e se familiarizar com a empresa, com sua diretoria e com a equipe administrativa. A partir de 1967, começou a marcar presença quando tomou sua primeira decisão significativa em termos de pessoal e substituiu Russ Wiggins, o editor-chefe de longa data do *Post*, pelo impetuoso Ben Bradlee, de 44 anos, um editor-assistente relativamente inexperiente da *Newsweek*.

Em 1971, seguindo as recomendações do conselho, ela entrou com um pedido para abrir o capital da empresa a fim de levantar recursos para aquisições. Uma semana após a oferta, o jornal se envolveu na crise dos Pentagon Papers, que apresentou uma oportunidade para publicar uma avaliação interna altamente controversa (e negativa) do Pentágono sobre a guerra no Vietnã, que um tribunal havia proibido o *New York Times* de publicar. O governo Nixon, temendo uma nova onda de publicidade negativa sobre a guerra, ameaçou contestar as licenças de radiodifusão da empresa se publicasse os documentos. Esse desafio teria afundado a oferta de ações e ameaçado um dos principais centros de lucro da empresa. Graham, diante de uma assessoria jurídica pouco clara, teve que tomar a decisão inteiramente por conta própria. Ela decidiu publicar a história, e a reputação editorial do *Post* foi garantida. O governo Nixon não contestou as licenças de TV, e a oferta, que arrecadou US$ 16 milhões, foi um sucesso.

Em 1972, o *Washington Post*, com o pleno apoio de Graham, iniciou investigações profundas sobre as impropriedades da campanha republicana que se transformariam no caso Watergate. Bradlee e dois jovens repórteres investigativos, Carl Bernstein e Bob Woodward, liderariam a cobertura desse extraordinário escândalo, que acabaria levando à renúncia de Richard Nixon no verão de 1974. Esse feito jornalístico garantiu um Pulitzer para o *Post* (um de incríveis 18 durante a editoria de Bradlee) e o estabeleceu como o único jornal à altura do *New York Times*. Os resmungos e ameaças do governo Nixon continuaram durante todo o caso Watergate, e Graham os ignorou resolutamente.

Graham usou uma parte dos lucros da oferta pública para comprar o *Trenton Times*, com sede em Nova Jersey, que foi uma aquisição medíocre. O *Times* era um jornal vespertino em um mercado competitivo com dois jornais e teve dificuldades para crescer. Graham aprendeu uma lição valiosa com essa experiência e adotaria a devida cautela com relação às aquisições futuras.

Em 1974, um investidor novo e desconhecido começou a acumular ações na empresa e chegou a adquirir 13% delas. Ignorando os conselhos da diretoria, Graham se reuniu com o novato, Warren Buffett, e o convidou para integrar o conselho. Buffett logo se tornou seu mentor no mundo dos negócios e começou a ajudá-la a traçar uma trajetória heterodoxa para a empresa.

Em 1975, a empresa enfrentou uma greve gigante liderada pelo poderoso sindicato dos tipógrafos, que começou quando os grevistas incendiaram a gráfica. Graham, após consultar Buffett e o resto do conselho, decidiu lutar contra a greve. Depois de perder apenas um dia de publicação, ela e Bradlee (e seu filho Donald, de 27 anos) reuniram uma equipe básica que conseguiu publicar o jornal por 139 dias consecutivos até que os tipógrafos finalmente viessem a aceitar concessões significativas.

A greve foi uma experiência angustiante para todos os envolvidos (a certa altura, um dos piqueteiros foi visto com uma camisa que dizia: "Phil atirou no Graham errado"), mas as concessões melhoraram drasticamente a lucratividade do *Post* e representaram um ponto de virada para o setor como um todo. Foi uma das primeiras vezes em que um grande jornal metropolitano furara uma greve. Para Graham, a greve foi um ponto de virada pessoal, o equivalente empresarial de Watergate. Daquele momento em diante, não havia dúvida de quem estava no comando da The Washington Post Company.

. . .

Foi nessa época, orientada por Buffett, que Graham tomou outra decisão pouco convencional e começou a comprar vigorosamente suas próprias ações, algo que poucas pessoas (além de Henry Singleton e Tom Murphy) sequer cogitavam na época. Nos anos seguintes, ela recompraria quase 40% das ações da empresa a preços baixíssimos. Significativamente, nenhum de seus pares em outras grandes empresas jornalísticas seguiu seu exemplo.

Em 1981, dois eventos significativos ocorreram. Primeiro, o rival de longa data do *Post*, o *Washington Star*, após anos de circulação em queda, finalmente encerrou suas operações. Isso transformou o *Post*, com sua enxuta estrutura de custos pós-greve, no jornal diário monopolista na capital do país, o que levou a um aumento drástico na circulação e na lucratividade que continuaria ao longo da década.

O segundo fato foi ainda mais significativo. Após quatro tentativas anteriores durante a década de 1970, Graham finalmente encontrou um diretor de operações forte. Dick Simmons, que havia sido COO da Dun & Bradstreet, outra empresa de mídia diversificada, não hesitou em racionalizar as unidades operacionais da empresa, que operavam com margens inferiores às de empresas similares. Sua chegada marcou o início de uma era de lucratividade muito mais elevada e ressalta ainda mais o papel fundamental desempenhado por braços direitos operacionais fortes no sucesso dos CEOs *outsiders*.

Simmons, com o apoio de Graham, recrutou novos talentos executivos, vendeu o jornal de Trenton, mudou a estrutura de remuneração para enfatizar os bônus e insistiu em um forte desempenho em relação aos pares. Dentro de alguns anos, as margens de jornais e televisão da empresa quase dobraram, o que produziu aumentos na lucratividade.

A década de 1980 representou um novo recorde para a realização de transações na indústria jornalística. Os preços dispararam à medida que os lucros e os múltiplos aumentavam vertiginosamente. Graham foi a única entre os executivos das grandes empresas jornalísticas a ficar à margem. A empresa analisou atentamente muitas transações, incluindo grandes jornais em Iowa, Texas e Kentucky, mas fez apenas duas aquisições, ambas pequenas. É importante reconhecer o quanto esse comportamento moderado foi incomum no clima competitivo e de alta pressão da segunda metade da década de 1980. Foi uma jornada solitária, que gerou muitos comentários dos colegas de Graham e da imprensa, uma posição particularmente difícil para a única executiva mulher em um setor de alta visibilidade, repleto de panelinhas e dominado por homens.

É importante ressaltar que a maioria das aquisições da Post Company sob Graham levaria a organização a novos negócios, não relacionados a jornais ou radiodifusão. Em 1983, após uma pesquisa detalhada realizada por um dos novos talentos contratados por Simmons, um ex-consultor de gestão chamado Alan Spoon, a empresa fez uma incursão bem-sucedida no negócio de telefonia celular, comprando franquias em seis mercados metropolitanos, incluindo Detroit, Washington e Miami, por US$ 29 milhões. Em 1984, ela adquiriu a empresa de produtos e serviços didáticos Stanley Kaplan e estabeleceu uma pequena posição no mercado educacional. Finalmente, em 1986, Graham, graças a uma apresentação oportuna de Buffett, fez sua maior aquisição: a compra dos ativos de TV a cabo da Capital Cities por US$ 350 milhões. Todas essas empresas seriam extremamente importantes para a Post Company nos anos seguintes.

No início de 1988, quando os valores dispararam e Graham começou a entender melhor os enormes gastos de capital necessários para desenvolver seus sistemas de telefonia celular, ela fez um dos seus raros desinvestimentos e decidiu vender os ativos telefônicos da empresa por US$ 197 milhões, um retorno extraordinário sobre seu investimento.

Durante a recessão do início da década de 1990, quando seus pares superalavancados não tinham como agir, a empresa tornou-se estranhamente aquisitiva. Eles puderam apenas assistir enquanto Graham aproveitava os preços drasticamente baixos para realizar compras oportunísticas de sistemas de TV a cabo, emissoras de TV de baixo desempenho e algumas empresas do setor educacional.

Quando Kay Graham deixou o cargo de presidente em 1993, a Post Company era de longe a mais diversificada entre seus pares no mundo dos jornais, com quase metade de suas receitas e lucros derivada de fontes alheias a jornais impressos. Essa diversificação posicionaria a empresa para um desempenho ainda melhor sob a liderança de seu filho Donald.

Graham gerenciou de forma excelente sua sucessão (o que não é garantido em empresas familiares) e passou o final dos anos 1980 e início dos anos 1990 preparando a próxima geração de líderes da empresa, incluindo Donald, que a substituiria como CEO em 1991; e Alan Spoon, que substituiria Dick Simmons, seu mentor, como COO, também em 1991. Quando Graham deixou o cargo aos 76 anos, gerentes jovens e talentosos também assumiram cargos de liderança nas divisões cada vez mais importantes de TV a cabo (Tom Might) e educação (Jonathan Grayer) da empresa. Seu talento e liderança posicionariam a Post Company para mais 15 anos de desempenho superior em relação a seus pares.

Os elementos básicos

Sob a tutela de Buffett, Graham demonstrou ser uma alocadora de capital altamente eficaz, ainda que não ortodoxa. Sua abordagem nessa importante área foi caracterizada por níveis de dividendos e endividamento baixos para o setor, um nível de recompras de ações recordes para o setor, relativamente poucas aquisições e uma abordagem cuidadosa em relação às despesas de capital. Analisaremos essas áreas a seguir, começando pelas fontes de capital da empresa.

Durante a gestão de Graham, a Post Company gerou um fluxo de caixa consistentemente forte, com uma melhoria drástica da lucratividade durante a década de 1980, à medida que a receita do jornal aumentou após o fechamento do *Star* e Dick Simmons aumentou as margens de todas as unidades operacionais. Além dessa onda de caixa, a empresa tinha duas outras fontes de capital, ambas raramente empregadas: alavancagem e venda de ativos.

Em geral, Graham usava dívidas de forma comedida e, durante seu período no comando da empresa, o Post foi consistente em manter o balanço patrimonial mais conservador entre seus pares. Graham contraiu dívidas significativas apenas algumas vezes, principalmente para financiar a compra em 1986 dos sistemas de TV a cabo da Capital Cities. O forte fluxo de caixa do Post, no entanto, permitiu que a maior parte dessas dívidas fosse liquidada em menos de três anos.

Sob Graham, a Post Company, assim como a Berkshire de Buffett, quase nunca vendia negócios operacionais e evitava ativamente cisões, preferindo o modelo de propriedade direta de longo prazo. A única exceção significativa ocorreu no início de 1988, quando a empresa decidiu vender seus ativos de telefonia celular, o que gerou um retorno extraordinário sobre o investimento.

. . .

Graham aplicava esse dinheiro com muito cuidado. Ao longo de sua administração, ela manteve um nível mínimo de dividendos, pois acreditava que eram tributariamente ineficientes. Mais uma vez, vale a pena enfatizar a natureza anticonformista dessa abordagem, sobretudo na indústria jornalística, onde as famílias fundadoras, das quais era normal que alguns membros dependessem da renda de dividendos, em geral tinham um alto grau de participação acionário. O Post, sob o comando de Graham, distribuiu consistentemente o menor nível de dividendos entre seu grupo de pares e, portanto, teve os maiores lucros retidos.

A abordagem de Graham para utilizar esses ganhos foi influenciada por Simmons, Buffett e outro diretor, Dan Burke, da Capital Cities. Todas as decisões sobre despesas de capital eram submetidas a um rigoroso processo de aprovação, que exigia retornos atraentes sobre o capital investido. Como resumiu Alan Spoon: "O sistema era totalmente federalizado, com todo o excesso de dinheiro enviado para a sede. Os gerentes precisavam defender todos os projetos de capital. A pergunta mais importante era: 'Qual é o melhor lugar para aplicar o próximo dólar?'. E a empresa era rigorosa e cética ao responder essa pergunta".[1]

Essa disciplina levou Graham a uma abordagem mais cautelosa do que a de seus pares em relação aos investimentos em plantas físicas. Durante a década de 1980, outras grandes empresas jornalísticas gastaram centenas de milhões de dólares para montar novas instalações de impressão e pré-impressão que encurtavam os tempos de ciclo e permitiam a impressão em cores. Graham foi a única CEO de um grande jornal a se conter, e acabaria por ser a última grande editora a utilizar a impressão tipográfica à moda antiga. A empresa adiou o alto investimento em uma nova gráfica até os custos caírem e os benefícios serem definitivamente comprovados pelos seus pares.

A abordagem de Graham às aquisições era caracterizada pelos temas gêmeos de paciência e diversificação. Os anos de Graham no comando desde a IPO da empresa foram caracterizados por lucros e múltiplos geralmente crescentes para empresas de mídia, pontuados por dois mercados baixistas severos, um em meados da década de 1970 e outro no início dos anos 1990. Em outras palavras, o *valor* das propriedades da mídia flutuou muito ao longo de sua gestão, e ela demonstrou que sabia navegar de forma astuta por essas tendências.

O nível de atividade de Graham reflete esse quadro macroeconômico, com dois períodos significativos de recompras de ações e aquisições no início e no final de sua carreira, encerrando um longo período de inatividade que representou a maior parte da sua administração.

Ao lado do conselho de administração, ela submetia todas as transações em potencial a um teste analítico rigoroso. Como resumiu Tom Might: "As aquisições precisavam obter um retorno mínimo de 11% em dinheiro sem alavancagem durante um período de investimento de dez anos". Mais uma vez, esse teste aparentemente simples foi um filtro muito eficaz. "Pouquíssimas ofertas passaram por esse filtro", lembra Might. "Toda a filosofia de aquisição da empresa era esperar pelo negócio certo."[2]

Como vimos, durante o frenesi de aquisições da década de 1980, Graham quase sempre foi apenas uma espectadora, rejeitando inúmeras aquisições de jornais, tanto grandes quanto pequenos. Como seu filho Donald afirma atualmente: "Os negócios não fechados foram muito importantes. Hoje, outro grande jornal teria sido uma âncora ao redor dos nossos pescoços".[3] O único investimento em jornais que a empresa fez durante a década foi revelador: a compra de uma participação minoritária na Cowles Media, editora do *Minneapolis Star Tribune* e de vários jornais diários menores. A participação foi adquirida a um preço atraente e sem um processo de leilão, com base em um longo relacionamento entre as famílias Graham e Cowles.

Buffett teve um papel fundamental nessa disciplina, funcionando como tribunal de recursos de Graham para questões de alocação e avaliando todas as decisões importantes que envolviam investimentos de capital. Ele se envolveu particularmente com as aquisições. O estilo de Buffett, no entanto, não era diretivo, de acordo com George Gillespie, membro de longa data do conselho e sócio da Cravath, Swaine: "Ele nunca dizia: 'Não faça isso', e sim algo mais sutil, como 'Eu provavelmente não faria isso por esses motivos, mas apoiarei o que você decidir'".[4] Seu raciocínio, no entanto, era invariavelmente convincente e quase sempre incentivava uma atitude contida.

A maioria das aquisições do Post sob Graham levaria a empresa a entrar em novos negócios, não relacionados a jornais ou radiodifusão, nos quais a concorrência era menos intensa e as avaliações, mais razoáveis. As mais significativas dessas aquisições diversificadoras foram o negócio educacional da Stanley Kaplan, que permitiu a entrada nesse mercado, e a grande aquisição da Capital Cities em 1986, que estabeleceu um ponto de entrada no setor de crescimento acelerado da TV a cabo.

A aquisição da divisão de TV a cabo da Capital Cities foi ao mesmo tempo muito grande e altamente oportunista e, assim como a transação com a família Cowles, revela a abordagem disciplinada de Graham em relação às aquisições. Quando a Capital Cities foi forçada pela FCC a vender seus sistemas de TV a cabo após a aquisição da ABC, Warren Buffett providenciou que o *Post* tivesse uma oportunidade exclusiva de considerar a transação. Graham percebeu uma oportunidade proprietária com um potencial altamente positivo. Após um fim de semana frenético, ela e sua equipe concordaram em adquirir os sistemas por um preço atraente de US$ 1.000 por assinante. É importante ressaltar que nenhum banqueiro de investimento foi envolvido no processo.

. . .

A onda de compras inusitada de Graham durante a recessão do início dos anos 1990 também foi reveladora. Com um balanço excepcionalmente sólido, ela se tornou uma compradora ativa num momento em que seus colegas superalavancados foram forçados a ficar à margem da ação. Aproveitando os preços drasticamente reduzidos, o Post foi oportunista e comprou uma série de sistemas de TV a cabo rurais, várias emissoras de televisão de baixo desempenho no Texas e várias empresas educacionais, todas as quais agregariam níveis extremamente altos de valor para os acionistas.

Como vimos, as recompras de ações representaram outro importante meio de alocação de capital para Graham. Depois que Buffett explicou a matemática convincente das recompras, ela iniciou um programa de recompra e o executou com vigor. Graham agregaria um valor enorme para seus acionistas com a compra de grandes quantidades de ações (quase 40%, no total), a maior parte delas durante os anos 1970 e início dos anos 1980, a múltiplos de P/L inferiores a 10. Conforme comenta o investidor de longa data Ross Glotzbach, da Southeastern Asset Management: "Nem todas as recompras são iguais — ela comprou em grandes blocos e na hora certa".[5] Como mostra a Figura 5-2, ela foi a única entre os executivos de jornais a recomprar ações vigorosamente e teve que superar a forte resistência inicial de seu conselho. "Naquela época, recomprar ações era *muito* incomum", lembra George Gillespie.[6] (Buffett, que originalmente possuía 13% da empresa, nunca vendeu uma ação e hoje possui mais de 22%.)

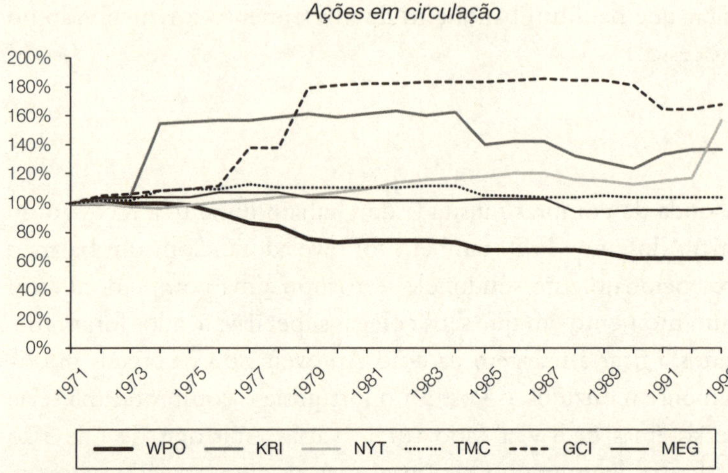

FIGURA 5-2

A WPO foi o único membro de seu grupo de pares a recomprar uma porcentagem significativa de suas próprias ações em circulação (38,5%).

"Naquela época, recomprar ações era *muito* incomum." —George Gillespie

Fonte: Compustat e Center for Research in Security Prices (CRSP).

Ironicamente, no início dos anos 1980, a consultoria de gestão McKinsey aconselhou a empresa a interromper seu programa de recompra. Graham seguiu o conselho de McKinsey por pouco mais de dois anos, até recobrar o juízo, com a ajuda de Buffett, e retomar o programa de recompra em 1984. Donald Graham considera que essa sabedoria caríssima da McKinsey custou aos acionistas do Post centenas de milhões de dólares em valor. Segundo ele, foi o "projeto de consultoria mais caro de todos os tempos!"

. . .

No campo mais amplo da alocação de recursos, uma das características gerenciais que definia Graham era a capacidade única de identificar e atrair talentos para a empresa e o conselho. Embora pudesse parecer distante e indiferente, ela tinha ótimos instintos sociais e como Alan Spoon me disse: "Ela era uma 'convocadora' perfeita".[7] Embora algumas dessas pessoas fossem figurões do *establishment* — incluindo diretores como o ex-secretário de defesa Robert McNamara e uma série de advogados da Cravath, Swaine, um escritório de prestígio de Nova York — muitas de suas escolhas não tinham absolutamente nada de convencionais. Duas em particular se destacam.

Primeiro, em 1967, como vimos, ela contratou Ben Bradlee, um jovem e relativamente desconhecido editor-assistente da *Newsweek*, para substituir Russ Wiggins, editor-chefe de longa data do *Post*. É difícil exagerar o quanto essa decisão fugia do convencional. Provavelmente a decisão de pessoal mais importante que o diretor de um jornal toma é a escolha do editor-chefe, a pessoa com responsabilidade geral pelo conteúdo e pela voz do jornal. Graham concluíra que precisava de um editor mais jovem, mais em sintonia com o cenário político e a cultura em rápida mutação do final dos anos 1960. Quando mencionou a ideia pela primeira vez a Bradlee, famoso pelo seu linguajar, durante um almoço, ele respondeu: "Eu daria a minha esquerda por esse trabalho". Bradlee, que não tinha experiência anterior em gestão de jornais, não poderia ser mais diferente de Wiggins, um homem distinto e com ares professorais.

Bradlee, contudo, demonstraria ser um editor ousado e intuitivo e lideraria o jornal durante o período de glória e turbulência dos furos da década de 1970. Ele foi também um ímã para atrair jovens talentos jornalísticos para o jornal. Esse influxo de talentos, junto com inovações como a introdução da primeira seção de moda do país, levou a ganhos de circulação consistentes nas décadas de 1970 e 1980, o que criou um motor decisivo para crescimento dos lucros da empresa.

Sua segunda decisão ocorreu durante o severo mercado baixista de 1974, quando um novo investidor acumulou uma grande parcela das ações do Post, o que causou ondas de ansiedade na empresa. A diretoria, em particular, suspeitava desse recém-chegado e de suas intenções. Graham herdou um conselho de administração composto por empresários locais experientes e comparsas de seu marido. Embora cada vez mais assertiva em questões jornalísticas, ela ainda se submetia frequentemente às suas opiniões e conselhos sobre temas de negócios.

Nesse caso, entretanto, ela agiu por conta própria e decidiu se reunir com o novo investidor. Diz muito sobre Graham que ela imediatamente tenha reconhecido suas habilidades únicas e, contra as vontades da diretoria, viesse a convidar o recém-chegado para o conselho, esforçando-se para transformá-lo em principal confidente e conselheiro em questões de negócios. Sua única instrução foi "seja gentil e não me magoe".[8]

A decisão de integrar Buffett ao grupo foi altamente independente e incomum para a época. Em meados da década de 1970, Buffett era praticamente desconhecido. Mais uma vez, a escolha de um mentor é uma decisão extremamente crítica para qualquer executivo, e Graham escolheu de forma não convencional e extraordinariamente bem. Como seu filho Donald disse: "Descobrir que esse cara relativamente desconhecido era um gênio foi uma das suas melhores jogadas, e uma das menos célebres".

Uma terceira decisão de pessoal — mais convencional, mas não menos importante — envolveu a contratação de Simmons em 1981. Dada sua inexperiência com operações, o cargo de diretor de operações era uma posição particularmente crucial (e difícil) de preencher. Graham demorou para encontrar a pessoa certa para o cargo. Ela era exigente e não hesitava em mexer no quadro de pessoal: Graham demitiu quatro COOs durante a década de 1970 até encontrar Simmons. Nos dez anos seguintes, ele enxugaria drasticamente as operações e melhoraria as margens tanto no jornal quanto nas divisões de radiodifusão.

Simmons compartilhava do viés descentralizador de Graham e, com seu apoio, agiu depressa para posicionar as pessoas certas em cargos importantes nas divisões operacionais. Ele também dava bastante autonomia a seus gerentes e vinculava sua remuneração ao desempenho em relação aos seus pares.

A Post Company tinha um viés descentralizador histórico e uma preferência por uma equipe corporativa enxuta, características que remontavam a Eugene Meyer e Phil Graham, ambos os quais confiavam muito nas próprias opiniões e não sentiam a necessidade de se cercar de muitos assessores. Essa tendência se tornaria mais profissionalizada e pronunciada sob Katharine Graham e Simmons. Graham trabalhava duro para identificar as melhores pessoas e depois se sentia muito confortável para deixá-las em paz. Seu filho Donald, sob a influência de Buffett e Dan Burke, continuaria e ampliaria a ênfase histórica da mãe na descentralização. Como me disse, na sua opinião, hoje "a Post Company é uma das empresas mais descentralizadas do país".

Depois de ver seu pai entregar a gestão diária do jornal para seu marido de 31 anos, Graham também não teve medo de entregar a responsabilidade a gerentes promissores bastante jovens. Tom Might, que mais tarde dirigiria as operações de cabo da empresa de forma brilhante, foi responsável pelo maior projeto de capital da história da empresa, uma nova gráfica em Springfield, Virgínia, aos 30 anos (que finalizaria 30% abaixo do orçamento). Alan Spoon foi escolhido diretor de operações COO da empresa aos 39, Jonathan Grayer tornou-se CEO da divisão de educação aos 29 e Donald tornou-se *publisher* do *Post* aos 33.

. . .

Apesar de seu sucesso, Graham era assolada por surtos de falta de autoconfiança mesmo após quase 30 anos no cargo de CEO. Felizmente, ela também era obstinada e independente e sentia-se à vontade para tomar decisões controversas e pouco convencionais, fossem elas recusar as exigências de grevistas recalcitrantes, não ceder às ameaças constantes do governo Nixon ou ignorar os outros executivos de jornais quando questionavam sua obsessão por comprar suas próprias ações e sua timidez em fazer aquisições. No final das contas, essa CEO novata deixou um legado jornalístico e financeiro que causaria inveja a seus pares, e o fez com muito estilo e elegância. Como Ben Bradlee me disse com um sorriso melancólico: "Ela era tão *divertida*".[9]

P.S.: Um conto de duas empresas

Seria difícil encontrar um setor que tenha sofrido uma queda mais drástica nos últimos 20 anos do que a indústria jornalística. Outrora considerado por Warren Buffett o modelo de um negócio inexpugnável e de "fosso largo" com vantagens competitivas inatacáveis nos mercados publicitários locais, o setor está em declínio secular há bastante tempo, e os maiores jornais têm dificuldade para se manterem lucrativos diante da nova concorrência por publicidade de *players* da internet, como o Google. Várias cadeias de grande porte declararam falência nos últimos anos, e os preços das ações do setor refletem esse longo e dramático declínio, com uma queda de mais de 60% nos últimos oito anos.

A Post Company, sob a liderança de Donald Graham, com certeza não está imune a essas adversidades seculares. Contudo, a empresa ainda consegue superar o desempenho de seus pares e perdeu apenas 40% de seu valor no mesmo período, graças ao forte desempenho geral de seus negócios não editoriais.

Mais uma vez, os CEOs só podem jogar com as mãos que recebem, e Donald Graham, como CEO de uma grande empresa jornalística, recebeu cartas difíceis (embora, graças aos esforços de diversificação de sua mãe, suas cartas sejam significativamente melhores que as de seus pares). Contudo, ele as jogou substancialmente melhor do que seus pares ao aderir aos princípios da abordagem de sua mãe: realizar aquisições seletas, recomprar ações de forma vigorosa e oportunista (incluindo *20%* das ações em circulação entre 2009 e 2011) e manter os níveis de dividendos relativamente baixos.

Em contraste, no mesmo período outra famosa empresa jornalística familiar de capital aberto do nordeste dos Estados Unidos, a New York Times Company, da família Sulzberger, pagou caro demais por um portal na internet (Ask.com) e construiu um novo e complexo edifício para a sede corporativa no centro de Manhattan... e perdeu quase 90% de seu valor.

6

Uma aquisição alavancada aberta

Bill Stiritz e a Ralston Purina

> Se você se descobrir que está em um barco com vazamento crônico, é provável que a energia dedicada à troca de embarcações seja mais produtiva do que a energia dedicada a tapar os vazamentos.
>
> —*Warren Buffett*

Durante a maior parte dos últimos 50 anos, as grandes empresas de bens de consumo embalados, incluindo nomes conhecidos como Campbell Soup, Heinz e Kellogg, foram consideradas os maiores exemplos de ações *blue chip*, as ações de primeira linha, por sua combinação atraente de crescimento previsível, resistência a recessões e dividendos confiáveis. Essas empresas sempre foram modelos de conservadorismo financeiro, pois usavam pouca alavancagem, distribuíam dividendos de forma confiável e raramente recompravam ações. A maioria seguira a moda e se diversificara ativamente durante as décadas de 1960 e 1970 na busca quixotesca pela sinergia, e muitas acabaram entrando nos setores de restaurantes e agronegócios em busca dos benefícios elusivos da "integração vertical".

A Ralston Purina era bastante típica desse grupo. No início da década de 1980, a Ralston estava na lista *Fortune* 100 e tinha um longo histórico em produtos de ração agrícola. Durante a década de 1970, sob o comando do CEO Hal Dean, a empresa seguiu o mesmo caminho de seus pares e utilizou o enorme fluxo de caixa fornecido por seus negócios tradicionais de rações para implementar um programa de diversificação que a deixou com uma miscelânea de divisões operacionais, desde fazendas de cogumelos e soja até a rede de restaurantes de *fast food* Jack in the Box, o time de hóquei St. Louis Blues e a estação de esqui Keystone, no Colorado. Quando Dean anunciou sua aposentadoria, em 1980, o preço das ações da empresa não variava havia uma década.

Após o anúncio de Dean, a diretoria da Ralston realizou uma busca minuciosa por seu substituto, o que envolveu uma ampla lista de candidatos internos e externos. À medida que a busca avançava, os favoritos para o cargo incluíam alguns dos principais candidatos nacionais (incluindo Tom Wyman, mais tarde CEO da CBS). No final do processo, um candidato menos conhecido — um executivo de longa data da própria empresa que sequer era cotado como principal candidato interno — aumentou drasticamente suas chances quando enviou um memorando não solicitado ao conselho no qual detalhava sua estratégia para a empresa. Depois de lê-lo, a influente diretora Mary Wells Lawrence (fundadora da agência de publicidade Wells, Rich, Greene) respondeu por telegrama: "*Na mosca*". Em poucos dias, esse candidato, Bill Stiritz, conseguiu o emprego.

. . .

A trajetória de carreira de Bill Stiritz é diferente da dos outros CEOs deste livro. Ele era um *insider*, tendo passado 17 anos na Ralston antes de se tornar CEO aos 47. Esse currículo aparentemente convencional, no entanto, mascarava um espírito independente e feroz que o tornou um agente de mudança altamente eficaz, ainda que improvável. Quando Stiritz assumiu o cargo de CEO, teria sido impossível prever a transformação radical que realizaria na Ralston e a influência mais ampla que isso teria sobre seus pares nos setores de alimentos e bens de consumo embalados.

A formação educacional de Stiritz era incomum para um CEO. Ele teve uma graduação interrompida, frequentando a Universidade do Arkansas por apenas um ano antes de partir para um período de quatro anos na Marinha quando ficou sem dinheiro. Durante seus anos na Marinha, aperfeiçoou as habilidades de pôquer que usaria para custear seus estudos. Depois da Marinha, voltou para a faculdade e concluiu sua graduação na Northwestern, onde se formou em administração. Stiritz nunca obteve um MBA. Chamado constantemente de "cerebral" por seus colegas e analistas de Wall Street, ele obteve, no entanto, um mestrado em história europeia pela Saint Louis University quando tinha 30 e poucos anos.

Depois da Northwestern, trabalhou na Pillsbury Company. Ele começou como representante de campo, estocando as prateleiras das lojas no norte de Michigan com cereais (uma de suas maiores contas era uma reserva indígena). Stiritz acredita que essa experiência direta, no mundo real, foi essencial para ajudá-lo a entender os elementos básicos dos canais de distribuição. Posteriormente, foi promovido a gerente de produto, cargo que lhe expôs de forma mais ampla ao marketing de bens de consumo embalados. Como queria entender melhor a mídia e a publicidade, após dois anos foi trabalhar na agência de publicidade Gardner Advertising, em St. Louis. Na Gardner, demonstrou desde cedo um interesse em abordagens de marketing quantitativas e foi um usuário pioneiro do nascente serviço de medição de audiência da Nielsen, que o ajudou desenvolver um entendimento detalhado da relação entre participação de mercado e gastos promocionais.

Stiritz ingressou na Ralston Purina em 1964, aos 30 anos, e foi alocado à divisão de produtos de mercearia (ração para animais domésticos e cereais), há muito considerada a "filha bastarda" no grande portfólio de negócios da Ralston. Ele trabalhou lá por vários anos em cargos de crescente responsabilidade e tornou-se gerente-geral da divisão em 1971. Durante sua gestão, os negócios decolaram, sendo que os lucros operacionais aumentaram *50 vezes* por meio de um programa implacável de lançamentos de novos produtos e extensões de linhas.

Stiritz supervisionou pessoalmente a introdução do Purina Puppy e do Cat Chow, dois dos lançamentos mais bem-sucedidos da história da indústria de ração para animais domésticos. Para um profissional de marketing, Stiritz era altamente analítico, com uma aptidão natural para números e um temperamento cético, quase irritadiço. Essas características o ajudaram na mesa de pôquer e o serviriam bem como CEO.

. . .

Quando assumiu o cargo de CEO em 1981, não demorou para Stiritz iniciar uma reestruturação enérgica da empresa. Ele entendia com perfeição os fundamentos econômicos excepcionalmente atraentes da carteira de marcas de bens de consumo da empresa e logo a reorganizou em torno desses negócios, que acreditava oferecer uma combinação atraente de margens altas e baixos requisitos de capital. Ele imediatamente começou a remover os alicerces da estratégia de seu antecessor, e suas primeiras decisões envolveram o desinvestimento ativo de negócios que não atendiam aos seus critérios de lucratividade e retornos.

Em seus primeiros anos no comando, Stiritz vendeu a rede de restaurantes de *fast food* Jack in the Box, as fazendas de cogumelos e o time de hóquei St. Louis Blues. A venda do Blues, em particular, colocou Wall Street e a comunidade empresarial local em alerta. Todos perceberam que o novo CEO adotaria uma abordagem radicalmente diferente à gestão da Ralston.

O próximo passo de Stiritz foi vender outros negócios não essenciais, incluindo as operações de soja da empresa e diversas operações de restaurantes e serviços de alimentação, o que tornou a Ralston uma empresa que trabalhava exclusivamente com produtos de marca. Nesse sentido, não foi diferente de Warren Buffett nos seus primeiros dias na Berkshire Hathaway, onde extraiu capital do negócio têxtil de baixo retorno para utilizar em empresas de seguros e de mídia de alto retorno.

A partir do início dos anos 1980, Stiritz superou a resistência inicial do conselho e iniciou um programa vigoroso de recompra de ações. Ele foi o único entre as grandes empresas de produtos de marca a adotar as recompras, que acreditava que poderiam gerar retornos atraentes. As recompras permaneceriam um princípio central de seu plano de alocação de capital pelo restante de sua gestão.

A partir de meados da década de 1980, após a rodada inicial de desinvestimentos, Stiritz realizou duas grandes aquisições que representavam 30% do valor de mercado da Ralston, ambas em maior parte financiadas por dívidas. A primeira adicionou a Continental Baking, fabricante da Twinkies e da Wonder Bread, ao portfólio de marcas da Ralston. Stiritz comprou a Continental do conglomerado diversificado ITT, onde definhara como o único negócio de bens de consumo embalados da empresa. Sob a gestão de Ralston, a distribuição foi expandida, os custos redundantes foram eliminados, novos produtos foram lançados e o fluxo de caixa cresceu significativamente, o que criou valor significativo para os acionistas.

Em seguida, em 1986, Stiritz completou sua maior compra de todas e adquiriu a divisão Energizer Battery da Union Carbide por US$ 1,5 bilhão, equivalente a 20% do valor de mercado da Ralston. A Union Carbide passava por dificuldades após o desastre de Bhopal, e seu negócio de pilhas, apesar de uma marca forte, era uma operação negligenciada e não essencial havia muitos anos. Assim como a ITT, a Union Carbide era uma vendedora motivada, sem experiência e conhecimento em marketing de bens de consumo. Stiritz venceu em um leilão e pagou o preço cheio, como ele próprio reconheceria, por um ativo que considerava ter uma combinação excepcionalmente atraente de pertencer a um duopólio de mercado crescente e operações mal administradas.

Como fez na Continental, Stiritz agiu imediatamente para melhorar os produtos e o marketing da Energizer (incluindo a criação da famosa campanha publicitária com o coelhinho de mesmo nome), para aprimorar a distribuição e para eliminar custos em excesso. Com essa série de ações, a primeira etapa na sua transformação da Ralston foi concluída. No final da década de 1980, a porcentagem das receitas da Ralston provenientes de bens de consumo embalados havia aumentado para quase 90%.

Essa transformação teve um efeito fantástico nas principais métricas operacionais da empresa. À medida que os produtos de marca se tornaram uma parte maior do mix de negócios da Ralston, as margens de lucro antes de impostos cresceram de 9% para 15%, e o retorno sobre o patrimônio líquido mais que dobrou, de 15% para 37%. Aliado a uma base de ações cada vez menor, isso produziu um crescimento excepcional no lucro por ação e no retorno para os acionistas.

Durante o resto da década de 1980, Stiritz continuou a otimizar seu portfólio de marcas por meio de desinvestimentos seletos e aquisições complementares. Os negócios que não conseguiam gerar retornos aceitáveis eram vendidos (ou fechados). Esses desinvestimentos incluíram marcas de alimentos com baixo desempenho (incluindo a divisão de frutos do mar congelados Van de Kamp, uma rara aquisição equivocada) e o negócio de ração agrícola tradicional da empresa, a Purina Mills, que se tornara um negócio de *commodity* com baixos retornos crônicos e perspectivas de crescimento limitadas. Suas aquisições complementares se concentraram nas principais marcas de pilhas e de ração para animais domésticos, especialmente em mercados internacionais de baixa penetração. Todas essas decisões foram orientadas por uma análise cuidadosa dos retornos potenciais para os acionistas.

Ao longo da década de 1990, Stiritz se concentrou em contínuas recompras oportunistas, aquisições ocasionais e, o que é significativo, no uso de um dispositivo de estruturação relativamente novo, a cisão (ou *spin-off*), para racionalizar o portfólio de marcas da Ralston. Stiritz passara a acreditar que, mesmo com uma estrutura corporativa relativamente descentralizada, alguns dos negócios da empresa não estavam recebendo a atenção que mereciam, nem internamente nem de Wall Street. Para corrigir essa situação e minimizar os impostos, Stiritz se tornou um dos primeiros praticantes das cisões.

Numa cisão, uma unidade de negócios é transferida da empresa-mãe para uma nova entidade corporativa. Os acionistas da empresa-mãe recebem propriedade proporcional equivalente na nova empresa e podem tomar suas próprias decisões sobre manter ou vender essas ações. É importante ressaltar que as cisões destacam o valor de unidades de negócios menores, permitem um melhor alinhamento dos incentivos gerenciais e, o que é crucial, diferem os impostos sobre ganhos de capital.

Stiritz iniciou esse programa em 1994, com a cisão de um conjunto de marcas menores, incluindo os cereais Chex e *resorts* de esqui, que formaram uma nova entidade chamada Ralcorp. Ele permaneceu na presidência da nova entidade, que tinha um conselho de administração separado e dois co-CEOs. Stiritz continuaria a racionalizar e otimizar o portfólio da Ralston com a venda dos demais negócios agrícolas da empresa em 1998 (incluindo a divisão de tecnologia de proteínas em rápido crescimento) por um preço recorde para a DuPont em uma transação de ações (o que mais uma vez evitou os impostos sobre ganhos de capital).

Sua última jogada (e a maior, de longe) foi a cisão da Energizer Holdings em 2000, que na época tinha um valor de mercado equivalente a 15% do valor total da empresa. Todas as organizações nascidas dessas cisões tiveram um desempenho excepcional como empresas de capital aberto independentes (a Ralcorp, originalmente uma coleção de ativos negligenciados, hoje tem um valor de mercado de US$ 5 bilhões).

Essa série de ações transformou a Ralston em uma empresa *pure play* de ração para animais domésticos no início do novo milênio, com uma posição absolutamente dominante no mercado dos Estados Unidos. Stiritz não deixou de perceber que podar os negócios não relacionados poderia tornar as marcas principais de ração para animais domésticos da empresa mais atraentes para um adquirente estratégico e, em 2001, a empresa foi abordada pela Nestlé. Após um longo período de negociações (que Stiritz conduziu sozinho, como de costume), a gigante suíça concordou em pagar um preço recorde pela Ralston: US$ 10,4 bilhões, igual a um múltiplo extraordinário de 14 vezes o fluxo de caixa. A transação fehcou com chave de ouro a gestão de Stiritz na Ralston.

Durante um período em que todos os seus pares tiveram excelentes retornos, os números de Stiritz foram excepcionais. Ao longo de seus 19 anos no comando, a transformação da Ralston por Stiritz em uma empresa enxuta de bens de consumo embalados teve um efeito propulsor no preço das ações da empresa. Como mostra a Figura 6-1, um dólar investido com Stiritz quando ele se tornou CEO passou a valer 19 anos depois US$ 57, um retorno composto de *20,0%*, o que supera confortavelmente seus pares (*17,7%*) e o S&P (*14,7%*).

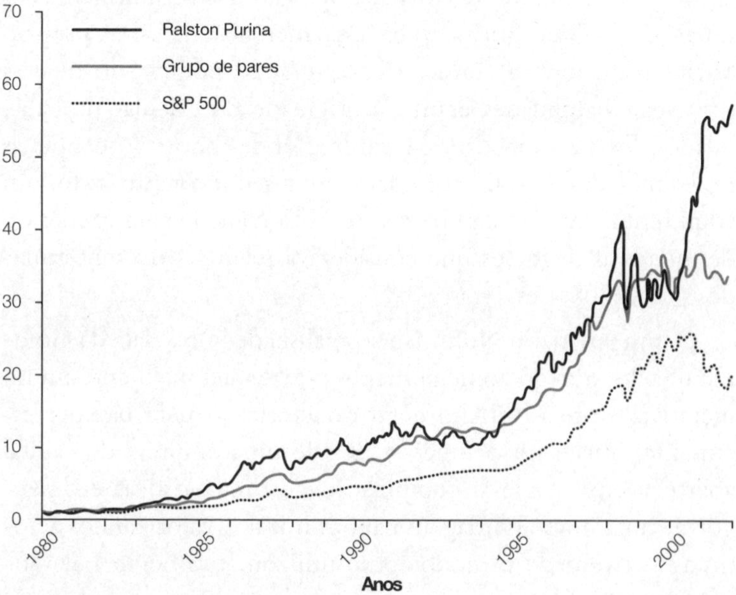

FIGURA 6-1
Valor da Ralston Purina de US$ 1.

Os elementos básicos

Michael Mauboussin, hoje um investidor respeitado na Legg Mason, cobriu Stiritz e a Ralston Purina no seu primeiro trabalho de pesquisa na Drexel Burnham em meados da década de 1980. Mauboussin ficou fascinado pelo CEO independente da Ralston e elaborou um dos primeiros relatórios de pesquisa abrangentes sobre a empresa, com base no trabalho de seu mentor, Alan Geditor, o raro analista de Wall Street que Stiritz respeitava. Orientador por Geditor, Mauboussin aprendeu a apreciar a abordagem única de Stiritz à alocação de capital.

Quando pedi que resumisse o que diferenciava Stiritz, Mauboussin me respondeu: "A alocação de capital efetiva [...] exige um certo temperamento. Para ter sucesso, você precisa pensar como um investidor, de forma imparcial e probabilística, com uma certa frieza. Stiritz tinha essa mentalidade".[1] O próprio Stiritz comparava a alocação de capital ao pôquer, no qual as principais habilidades eram a capacidade de calcular probabilidades, ler personalidades e fazer grandes apostas quando as probabilidades estavam absurdamente a seu favor. Stiritz foi um adquirente ativo que também se sentia à vontade para vender ou desmembrar negócios que considerava maduros ou subestimados por Wall Street.

Como enfatizou Nomi Ghez, analista de longa data da Goldman Sachs, o negócio de alimentos era tradicionalmente muito lucrativo e previsível, em geral caracterizado pelo baixo crescimento. Stiritz foi o único CEO de uma empresa de capital aberto a enxergar essa combinação de características e desenvolver uma nova abordagem para otimizar o valor para os acionistas. Na verdade, o modo como utilizou ativamente a alavancagem para obter retornos muito maiores sobre o patrimônio líquido, com a eliminação de negócios menos lucrativos, aquisição de negócios relacionados e recompras ativas de ações, causou mudanças profundas no paradigma. Suas decisões refletiam as técnicas dos pioneiros do *private equity*, incluindo a Kohlberg Kravis Roberts (KKR), que visara empresas de bens de consumo embalados de baixo desempenho (Beatrice Foods e mais tarde RJR Nabisco) para algumas das primeiras grandes aquisições alavancadas (LBOs — *leveraged buyouts*). (Na verdade, Stiritz perdeu o leilão tanto da Beatrice quanto da RJR. Também fez ofertas malsucedidas pela Gillette e pela Gatorade.)

. . .

As principais fontes de fundos da Ralston durante a gestão de Stiritz foram o fluxo de caixa interno, o endividamento e, especialmente nos primeiros anos, as receitas da venda de ativos.

O fluxo de caixa operacional foi uma fonte significativa e crescente de fundos durante o tempo em que Stiritz esteve no comando da Ralston. As margens melhoraram constantemente sob sua gestão, um reflexo tanto de um mix com maior foco em produtos de marca quanto de uma filosofia operacional mais enxuta e descentralizada. Na época da venda para a Nestlé, as margens da Ralston eram as mais altas do setor de bens de consumo embalados.

Stiritz foi pioneiro entre os CEOs do ramo de bens de consumo embalados no uso de dívidas. Isso era heresia em um setor que há muito tempo se caracterizava por uma gestão financeira excepcionalmente conservadora. Stiritz, no entanto, enxergou que o uso prudente da alavancagem poderia aumentar significativamente os retornos para os acionistas. Ele acreditava que empresas com fluxos de caixa previsíveis deveriam empregar dívidas para aumentar os retornos para os acionistas e fez uso ativo da alavancagem para financiar recompras de ações e aquisições, incluindo suas duas maiores, a Energizer e a Continental. A Ralston foi consistente em manter a relação dívida/fluxo de caixa média mais alta do setor durante sua gestão, como mostra a Figura 6-2.

A abordagem da Stiritz em relação a vendas e desinvestimentos evoluiu com o tempo. No início, ele vendeu negócios não essenciais, como as fazendas de cogumelos e o time de hóquei, que não atendiam aos seus critérios de lucratividade e retornos, e essas vendas de ativos serviram como uma importante fonte inicial de caixa para a empresa. Nesse sentido, não havia vacas sagradas (incluindo o negócio ancestral de ração agrícola). "Stiritz sabia quanto cada coisa valia e venderia qualquer ativo pelo preço certo", Mauboussin me disse com aprovação.[2]

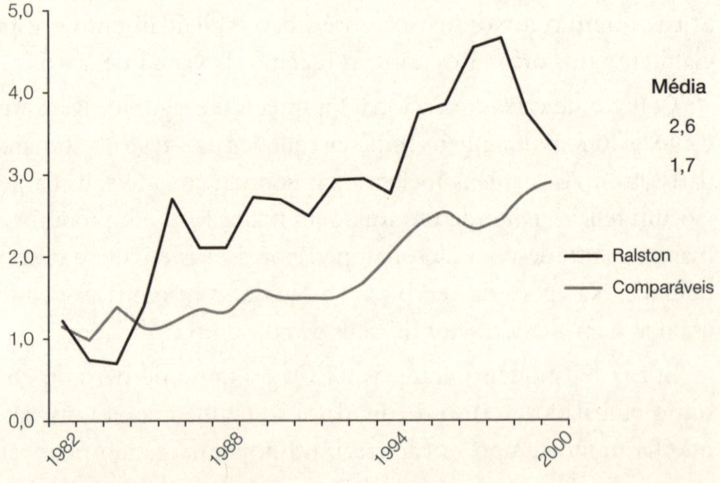

Dívida/EBITDA, 1982–2000

FIGURA 6-2

Os níveis de endividamento da Ralston estavam consistentemente acima dos níveis dos concorrentes.

Fonte: Center for Research in Security Prices (CRSP) e registros corporativos.

Obs.: A razão dívida/EBITDA é calculada como EBITDA/(notas a pagar + parcela atual da dívida de longo prazo + dívida de longo prazo).

Durante esse período, ele se concentrou em vender ativos não essenciais pelos melhores preços possíveis e em redistribuir o capital para empresas de bens de consumo embalados de maior retorno, como a Energizer e as marcas da Continental Baking.

Contudo, Stiritz aprendeu a valorizar a importância da ineficiência tributária da venda de ativos e, como vimos, começou a usar cisões, que, segundo ele, liberavam a criatividade e energia empreendedora ao mesmo tempo em que diferiam os impostos sobre ganhos de capital. Desde o início, Stiritz fora um grande defensor da descentralização, e se esforçou para reduzir as camadas de burocracia corporativa e alocar a responsabilidade e a autonomia pelos principais negócios da empresa a um grupo unido de gerentes. Ele via as cisões como mais um passo nessa direção, "a descentralização definitiva", que oferecia aos gerentes e acionistas uma combinação atraente de transparência e autonomia e permitia que os gerentes fossem remunerados mais diretamente pelos seus resultados operacionais do que era possível na estrutura conglomerada mais ampla da empresa-mãe.

Stiritz também demonstrou ser um vendedor muito astuto. Após a onda inicial de desinvestimentos no início dos anos 1980, ele fez apenas duas vendas de ativos, ambas grandes. A primeira foi a venda da divisão de proteínas da Ralston para a DuPont, que pagou um preço muito alto por esse negócio. Stiritz optou por aceitar ações na venda e diferir os impostos sobre ganhos de capital. O outro desinvestimento foi a venda para a Nestlé, que, como vimos, resultou em um preço recorde de mais de US$ 10 bilhões. Embora Stiritz reconheça hoje que o preço era muito atraente, ele se arrepende de não ter aceitado ações na transação, dada a força dos negócios da Nestlé e os impostos sobre ganhos de capital incorridos pelos seus acionistas.

. . .

Além do padrão estável, ano após ano, de serviço da dívida, despesas de capital internas e dividendos (mínimos), as duas principais formas como Stiritz usava o caixa eram recompras de ações e aquisições. Sua abordagem a ambas era oportunista ao extremo.

Stiritz foi *o* pioneiro no negócio de bens de consumo embalados com relação à recompra de ações. No início dos anos 1980, quando começou a recomprar ações, a prática ainda era incomum e controversa; como disse um dos diretores da Ralston na época: "Por que você ia querer reduzir a empresa? Não existem iniciativas de crescimento que valham a pena?". Stiritz, por outro lado, acreditava que as recompras eram os investimentos de maior probabilidade que poderia fazer e, depois de convencer o conselho de administração a apoiá-lo, se tornou um recomprador ativo. Ele acabaria por recomprar fenomenais 60% das ações da Ralston, atrás apenas de Henry Singleton entre os CEOs deste livro, e obteria retornos muito atraentes com essas recompras, com uma taxa interna de retorno média de longo prazo de 13%.

Ele era, no entanto, um comprador muito econômico, que dava preferência a compras oportunistas no mercado aberto a ofertas maiores que poderiam aumentar o preço das ações prematuramente. As compras eram realizadas de forma consistente quando os múltiplos P/L estavam em pontos baixos do seu ciclo. (Stiritz até negociava pessoalmente descontos nas taxas de corretagem para essas recompras.)

Stiritz acreditava que os retornos das recompras representavam um *benchmark* útil para outras decisões internas de investimento de capital, especialmente aquisições. Como disse Pat Mulcahy, seu braço direito de longa data, "a referência que sempre usávamos para decisões de investimento era o retorno da recompra de ações. Se uma aquisição, com algum nível de certeza, podia superar esse retorno, ela valia a pena".[3] Por outro lado, se os retornos de uma possível aquisição não excediam significativamente o retorno da recompra, Stiritz a rejeitava.

Em sua abordagem às aquisições, Stiritz sempre buscava uma vantagem e se concentrava na compra de negócios que acreditava que poderiam ser aprimorados pela experiência em marketing da Ralston e sua influência na distribuição. Ele preferia empresas que haviam sido mal administradas pelos proprietários anteriores; e, não por acaso, suas duas maiores aquisições, a Continental Baking e a Energizer, eram divisões pequenas e negligenciadas de conglomerados gigantes. Os retornos de longo prazo dessas duas compras foram excelentes: a Energizer gerou um retorno composto de *21%* em 14 anos e a Continental gerou um retorno de *13%* em um período de investimento de 11 anos.

Stiritz se concentrava em identificar aquisições por meio do contato direto com os vendedores, evitando leilões competitivos sempre que possível. A aquisição da Continental Baking veio de uma carta que enviou diretamente ao presidente da ITT, Rand Araskog, o que contornou assim um leilão.

Stiritz acreditava que a Ralston só deveria buscar oportunidades que representassem retornos atraentes sob premissas conservadoras e desprezava a falsa precisão dos modelos financeiros detalhados. Ele preferia se concentrar em algumas variáveis importantes: crescimento do mercado, concorrência, possíveis melhorias operacionais e, sempre, geração de caixa. Como me disse: "Na verdade, eu só me importava com as premissas principais do modelo. Primeiro, queria saber sobre as tendências fundamentais do mercado: seu crescimento e dinâmica competitiva".[4]

Pat Mulcahy, seu protegido que mais tarde dirigiria a empresa, descreveu a abordagem de Stiritz à aquisição seminal da Energizer: "Quando surgiu a oportunidade de comprar a Energizer, um pequeno grupo nosso se reuniu às 13 h e abriu a contabilidade deles. Fizemos um modelo de LBO bem aproximado, nos reunimos novamente às 16 h e decidimos oferecer US$ 1,4 bilhão. Simples assim. Sabíamos no que precisávamos nos concentrar. Nada de estudos gigantes e nada de banqueiros".[5] Novamente, a abordagem de Stiritz (semelhante à de Tom Murphy, John Malone, Katharine Graham e outros) usava uma única folha de papel e um foco intenso nas premissas principais, *não* em 40 páginas de projeções.

. . .

Stiritz, ciente dos primeiros LBOs na indústria de bens de consumo embalados, adotou conscientemente uma mentalidade de *private equity*. Mulcahy resume perfeitamente sua visão de mundo gerencial: "Stiritz dirigia Ralston mais ou menos como um LBO. Ele foi um dos primeiros a ver os benefícios para os acionistas de uma maior alavancagem, desde que os fluxos de caixa fossem fortes e previsíveis [...]. Ele simplesmente se livrou de negócios que drenavam dinheiro (independente de proveniência) [...] e investiu de forma mais profunda nos negócios existentes fortes por meio de compras massivas de ações intercaladas com aquisições ocasionais que atendiam às nossas metas de retorno".[6]

Stiritz combinava o conhecimento especializado sobre os fundamentos do marketing de bens de consumo embalados com perspicácia financeira, uma combinação incomum. Ele se concentrou em métricas inovadoras, como EBITDA e taxa interna de retorno (TIR), que estavam se tornando a língua franca do nascente setor de *private equity*, e evitou medidas contábeis mais tradicionais, como lucros divulgados e valor contábil, que eram as métricas financeiras preferidas de Wall Street na época. Ele tinha um desprezo especial pelo valor contábil, e uma vez declarou, durante uma rara aparição em uma conferência do setor, que "o valor patrimonial contábil não tem significado em nossos negócios", declaração que foi recebida com um silêncio atônito pelo público, de acordo com o analista de longa data John Bierbusse. "É preciso ter coragem para deixar de lado o valor contábil, o LPA e outras métricas contábeis que nem sempre se correlacionam com a realidade econômica", Mauboussin acrescenta.[7]

. . .

Stiritz tinha uma independência feroz e desprezava ativamente os conselhos de assessores externos. Ele acreditava que o carisma era superestimado como atributo gerencial e que a habilidade analítica era um pré-requisito crucial para um CEO e o segredo do pensamento independente. "Sem isso, os executivos-chefes ficam à mercê de seus banqueiros e CFOs". Stiritz observou que muitos CEOs vinham de áreas funcionais (jurídico, marketing, produção, vendas) nas quais esse tipo de habilidade analítica não era necessária. Sem ela, ele acreditava que sofriam de uma desvantagem gravíssima. Seu conselho era simples: "Liderança é análise".

Essa mentalidade independente se traduziu em uma suspeita inata, que beirava a desconfiança, frente a consultores externos, especialmente banqueiros de investimento, que Stiritz certa vez descreveu como "parasitas". Ele era cirúrgico no uso de consultores — que usava o mínimo possível, sempre de forma cuidadosamente direcionada — e enérgico ao negociar seus honorários. Stiritz atrasou o acordo multibilionário da Nestlé por achar que os banqueiros estavam cobrando demais dele. Ele fazia questão de usar diferentes banqueiros para as diversas transações, pois assim ninguém acharia que seus negócios estavam garantidos.

Ele era famoso por comparecer sozinho a importantes reuniões ou negociações de *due diligence* nas quais o outro lado da mesa estava repleto de banqueiros e advogados. Stiritz adorava essa abordagem pouco ortodoxa. Um profissional que era um jovem banqueiro da Goldman Sachs na época me contou sobre uma sessão de *due diligence* durante o processo de venda da RJR Nabisco que se estendeu madrugada adentro. Stiritz chegou sozinho a uma sala de conferências nos escritórios da Goldman, munido apenas com um bloco de papel amarelo, e começou a examinar as principais premissas operacionais, uma a uma, antes de fazer uma oferta final e ir para a cama. Ele gostava ativamente do processo de investimento e, após vender a Ralston, administrou de forma vigorosa uma parceria de investimento que consistia principalmente em seu próprio capital.

. . .

Stiritz protegia seu tempo ferozmente, evitava participar de conselhos filantrópicos de alta visibilidade que tomariam muito do seu tempo e considerava almoços casuais "quase todos uma perda de tempo". Como explicou: "Chegou a um ponto em que estavam ocupando muito tempo, então parei completamente com eles". Contudo, ele reservava tempo para participar dos conselhos de administração de outras empresas, o que considerava uma oportunidade única de se expor a novas situações e ideias.

Ele sempre teve um estilo de raposa e era uma esponja para novas ideias, independentemente de sua origem. John McMillin, analista de longa data do setor, escreveu certa vez: "Algumas pessoas são inovadoras e algumas pessoas tomam ideias emprestadas dos outros. Stiritz é as duas coisas (e isso serve como um elogio)".[8] Ele conscientemente reservava blocos na sua agenda para lidar sozinho com os principais problemas do negócio, sem distrações, estivesse ele numa praia da Flórida ou em seu escritório em St. Louis.

Ele evitava interações demoradas com Wall Street e mantinha, nas palavras do analista John Bierbusse, "uma certa qualidade de Greta Garbo", quase nunca conversava com analistas, praticamente nunca participava de conferências e jamais emitia orientações trimestrais.[9]

. . .

Na segunda metade da década de 1990, a heresia de Stiritz era a nova ortodoxia e praticamente todos os seus pares haviam implementado diferentes versões de sua estratégia: desinvestir de ativos não essenciais, recomprar ações e adquirir negócios complementares às suas linhas de produtos principais. Não é de surpreender que em 2001, no momento em que sua estratégia conquistava ampla aceitação no setor e com recordes históricos dos múltiplos dos bens de consumo embalados, Stiritz tenha mudado de rumo abruptamente e vendido a Ralston para a Nestlé por um preço recorde, mais uma vez deixando seus concorrentes boiando.

Um exemplo recente: Sara Lee

O elogio da imitação por pares do setor continua até hoje, mais de 30 anos depois que Stiritz assumiu o comando da Ralston. A mais recente, e talvez a última, das empresas de bens de consumo a seguir os passos de Stiritz é a Sara Lee. Nos últimos cinco anos, sob a liderança dos CEOs Brenda Barnes e Marcel Smits, a empresa vendeu operações não essenciais, recomprou 13% de suas ações, manteve um nível relativamente alto de alavancagem e gerou retornos para acionistas muito superiores aos do seu grupo de pares. Na época da redação deste capítulo, a Sara Lee havia recusado recentemente a oferta de um consórcio de empresas de *private equity* para comprar toda a empresa com um ágio significativo em relação ao preço anterior das ações. Em vez disso, a empresa anunciou que desmembraria suas operações altamente lucrativas de café e chá e distribuiria uma rodada esporádica e polpuda de dividendos. Soa familiar?

7

A otimização da empresa familiar

Dick Smith e a General Cinema

> É impressionante quanto valor pode ser criado por um pequeno grupo de pessoas realmente talentosas.
>
> —*David Wargo, Putnam Investments*

Em 1962, Phillip Smith morreu repentinamente de um ataque cardíaco. Smith emigrara da Rússia para Boston em 1908 e, após tentar diversos empregos, foi parar no negócio emergente dos pequenos cinemas chamados de *nickelodeons*. Smith começou como porteiro, passou a coletor de ingressos e acabou promovido a gerente-geral de um cinema no centro de Boston. Em 1922, cinco anos antes de Al Jolson quebrar a barreira do som cinematográfico, ele tomou dinheiro emprestado de amigos e parentes e abriu um cinema no North End de Boston.

Nos 40 anos seguintes, Smith construiu uma rede bem-sucedida de cinemas, primeiro na Nova Inglaterra e então se expandindo para o Meio-Oeste do país. Smith foi pioneiro dos *drive-ins* e desenvolveu a reputação como empresário astuto. Um ano antes, em 1961, havia aberto o capital da empresa para levantar fundos para construir mais *drive-ins*. Após sua morte prematura aos 62 anos, seu filho Dick imediatamente assumiu o cargo de CEO da General Drive-In, nome da empresa na época. Ele tinha 37 anos de idade.

Nos 43 anos seguintes, a partir dessa cadeia de cinemas prosaica, o CEO neófito simplesmente colocou no chinelo o mercado em geral e Jack Welch, com um desempenho acumulado incrível em relação ao S&P de mais de *11 vezes*. Dick Smith alcançou esses resultados no contexto de uma empresa de capital aberto controlada pela família fundadora. Ele dirigia a empresa como se o capital fosse fechado e demonstrava uma paciência única para utilizar o fluxo de caixa da empresa para aumentar a diversificação e não depender do negócio de *drive-ins*, primeiro com cinemas em *shopping centers* e depois em ramos totalmente diferentes.

Smith alternaria longos períodos de inatividade com transações pontuais gigantescas. Durante sua gestão, ele faria três aquisições significativas (uma no final da década de 1960, uma em meados dos anos 1980 e outra no início da década seguinte) em negócios não relacionados: engarrafamento de refrigerantes (American Beverage Company), varejo (Carter Hawley Hale) e editorial (Harcourt Brace Jovanovich). Essa série de transações transformou a empresa regional de *drive-ins* em um conglomerado de bens de consumo de enorme sucesso.

O mundo dos negócios está repleto de destroços de empresas que tentaram sem sucesso comprar negócios fora do seu setor. Essas aquisições diversificadas têm a fama terrível de serem difíceis de executar (vide Time Warner e AOL), mas Smith, um beneficiário relativamente inexperiente do nepotismo, tornou-se mestre nelas. Na verdade, sua gestão da General Cinema pode ser considerada um longo processo de reinvenção em série. É também a história de uma série de saídas extraordinariamente oportunas, uma no final dos anos 1980 e uma cada em 2003 e 2006. Esse padrão de expansão e contração, de diversificação e alienação, semelhante a um acordeão, era altamente incomum (embora semelhante em alguns aspectos ao de Henry Singleton na Teledyne) e gerou enormes benefícios para os acionistas da General Cinema.

. . .

Dick Smith nasceu em Newton, Massachusetts, em 1924. Ele era o filho mais velho de uma família muito unida de quatro pessoas e, desde cedo, trabalhava nos fins de semana e nas férias nos negócios da família. Estudou numa escola preparatória em Cambridge e se formou em engenharia pelo Harvard College em 1946. Smith trabalhou como engenheiro naval durante a Segunda Guerra Mundial e, após a guerra, voltou para trabalhar na empresa familiar em vez de fazer MBA. Em 1956, quando tinha 32 anos, seu pai o tornou sócio pleno.

Após a morte do pai, Smith trabalhou para expandir vigorosamente a rede de cinemas da empresa para *shoppings* suburbanos, onde foi pioneira inquestionável. Smith foi o primeiro do setor a reconhecer que os cinemas suburbanos se beneficiariam de fortes tendências demográficas fundamentais e, ao aproveitar essa oportunidade, desenvolveu duas novas práticas revolucionárias.

A primeira foi na área de financiamento de novos cinemas. A abordagem tradicional para o desenvolvimento de cinemas enfatizava a propriedade do terreno, o que permitia o controle a longo prazo dos ativos e o acesso ao financiamento hipotecário. Smith, no entanto, percebeu que um cinema bem localizado poderia gerar rapidamente um fluxo de caixa previsível e foi pioneiro no uso de arrendamentos mercantis para construir novos cinemas, que reduziam drasticamente o investimento inicial. Essa inovação permitiu que Smith expandisse rapidamente a rede da General Cinema com um mínimo de investimentos de capital.

Sua segunda inovação foi adicionar mais telas por cinema para atrair um público maior e otimizar as vendas com altas margens das *bombonières*. Devido a essas inovações duplas, a General Cinema obteve retornos excepcionais sobre seus investimentos em novos cinemas ao longo da década de 1960 e início da de 1970. No final dos anos 1960, entretanto, Smith, percebendo que era improvável que o crescimento do cinema continuasse para sempre, começou a explorar a diversificação em novos negócios que ofereciam melhores perspectivas a longo prazo.

A aquisição transformacional da Smith veio em 1968 com a compra da American Beverage Company (ABC), sediada em Ohio, a maior envasadora independente da Pepsi no país. Smith conhecia o negócio de bebidas por meio de seu envolvimento com *bombonières* de cinemas e, quando soube que a ABC poderia estar à venda, agiu depressa. O acordo negociado por Smith foi ao mesmo tempo instigante (um preço atraente de cinco vezes o fluxo de caixa) e muito grande, equivalente a mais de 20% do valor de mercado da empresa na época. Smith utilizou sua experiência imobiliária para financiar de forma criativa a compra por meio de uma venda com retroarrendamento das instalações de produção da ABC (e ainda tem orgulho justificado dessa manobra).

Smith crescera no mundo concreto dos cinemas, e a ABC foi sua primeira exposição ao valor de negócios com ativos intangíveis, como marcas de bebidas. Smith aprendeu a amar o negócio de bebidas, que era um oligopólio com retornos de capital muito altos e tendências de crescimento de longo prazo atraentes. Ele apreciava sobretudo a dinâmica do universo de envasadoras da Pepsi, que era fragmentado e tinha muitos proprietários de segunda e terceira geração que eram vendedores em potencial (ao contrário do sistema da Coca-Cola, dominado por um número menor de grandes independentes). Como a Pepsi era a marca número dois, suas franquias geralmente eram negociadas com avaliações inferiores às da Coca-Cola.

Ao comprar a ABC, Smith adquiriu uma legítima *empresa de plataforma* — uma à qual outras empresas poderiam ser adicionadas de forma fácil e eficiente. À medida que a ABC desenvolvia vantagens de escala, Smith percebeu que poderia comprar novas franquias a múltiplos aparentemente altos do fluxo de caixa do vendedor e reduzir imediatamente o preço efetivo por meio de redução de despesas, conhecimento tributário e experiência em marketing. Com base nesse *insight*, Smith agiu rápido para adquirir mais franquias, incluindo a American Pepsi em 1973, a Pepsi Cola Bottling Company em 1977 e a franquia de Washington, DC, em 1977.

Assim como no setor de cinemas, Smith e sua equipe eram profissionais de marketing inovadores e operadores eficientes. A empresa buscou constantemente reduzir custos, usando sua escala para reduzir os preços das latas e comprando açúcar diretamente nos mercados internacionais para evitar a margem de lucro da controladora. O resultado é que as margens da ABC lideravam o setor. Além das franquias da Pepsi, Smith ocasionalmente comprava franquias de outras bebidas (7 Up e Dr Pepper), e em 1976 fez parceria com a maior cooperativa de produtores de laranja para criar o refrigerante de laranja Sunkist, que lançaram por meio de sua rede de distribuição. A ABC acabou investindo US$ 20 milhões para lançar o Sunkist e, em 1984, o vendeu para a Canada Dry por US$ 87 milhões, gerando um retorno excepcional sobre o investimento.

Depois que o negócio de bebidas estava estabelecido, Smith começou a procurar outro negócio que pudesse adicionar uma "terceira perna" ao banquinho do General Cinema. Nesse sentido, no final dos anos 1970 e início da década seguinte, a empresa fez várias aquisições menores no ramo de radiodifusão, comprando várias emissoras de TV e de rádio. A disciplina de preços de Smith, no entanto, impediu a General Cinema de pagar os múltiplos de mais de 10 então predominantes no setor. Embora tenha obtido retornos muito bons em sua pequena carteira de investimentos em mídia, a empresa nunca se tornou um grande *player* — "uma oportunidade perdida", de acordo com o investidor de longa data Bob Beck, da Putnam Investments.[1]

Com o passar do tempo, a abordagem de Smith às aquisições evoluiu. A partir do início dos anos 1980, Smith e sua equipe se concentraram em grandes aquisições ocasionais e oportunistas e numa série de investimentos minoritários em empresas de capital aberto que, na sua opinião, estavam subvalorizadas. Esses investimentos foram tentativas de diversificação por meio de uma estratégia que Smith chamou de *investimento com envolvimento*. A ideia era fazer um investimento minoritário considerável, ocupar um assento no conselho e trabalhar com a gerência para melhorar as operações e aumentar o valor.

Na primeira metade da década de 1980, Smith se envolveu em três dessas tentativas de investimento com envolvimento: Columbia Pictures, Heublein e Cadbury Schweppes. No caso das duas últimas, a equipe de gestão na época via o investimento da General Cinema com desconfiança ou a mais pura e simples hostilidade. O resultado foi que não ofereceram nenhum assento no conselho e Smith vendeu ambas as posições entre um e dois anos após a compra inicial. Os retornos desses investimentos foram atraentes, mas o objetivo mais amplo de diversificação não foi alcançado. Isso mudou repentinamente em abril de 1985, quando Woody Ives, diretor financeiro da empresa, atendeu uma ligação e foi cumprimentado por Eric Gleacher, banqueiro de investimentos do Morgan Stanley, que tinha uma "terceira perna" em potencial.

. . .

Gleacher estava ligando por causa da Carter Hawley Hale (CHH), um conglomerado de varejo de capital aberto que possuía várias lojas de departamentos e redes de varejo especializadas. Leslie Wexner, CEO da The Limited, havia tentado uma aquisição hostil da CHH recentemente, e Gleacher foi contratado para encontrar um "cavaleiro branco", um investidor amigável que pudesse comprar uma porcentagem significativa das ações e rechaçar a aquisição.

Inicialmente, Ives reagira com frieza à descrição de Gleacher, mas enquanto escutava a proposta, percebeu uma oportunidade com potencial significativo. O prazo era quase impossivelmente apertado (eles precisariam responder até a terça-feira seguinte), e Ives percebeu que qualquer comprador à altura desse cronograma implacável teria uma enorme vantagem na negociação de uma transação. Ives desligou o telefone e falou com Dick Smith e os outros membros mais importantes da equipe de gestão. Por volta das 17 h, eles estavam em um avião rumo à sede corporativa da CHH em Los Angeles.

Eles passaram o fim de semana em sessões intensas de *due diligence* e negociação e saíram na noite de domingo com um acordo. Na segunda-feira (Dia dos Patriotas, feriado bancário em Boston), eles reuniram às pressas um consórcio de três bancos para financiar a transação e, na quinta-feira, uma semana e um dia após a ligação inicial de Gleacher, o acordo foi fechado. Smith e sua equipe de gestão haviam refinado tanto seus critérios e processos de aquisição que conseguiram cumprir esse cronograma extraordinário. Pouquíssimas empresas de capital aberto poderiam ter agido tão rápido e executado uma transação daquele porte.

O investimento na CHH é um excelente exemplo do oportunismo de Smith e de sua disposição de fazer apostas consideráveis quando as circunstâncias o justificavam. A transação era ao mesmo tempo enorme (igual a mais de *40%* do valor de mercado da GC) e muito complexa. Também era muito atraente. Ives negociou um título preferencial que garantia à General Cinema um retorno de 10%, permitia que convertesse sua participação em 40% das ações ordinárias se o negócio tivesse um bom desempenho e incluía uma opção de preço fixo para comprar a Waldenbooks, uma subsidiária integral da CHH. Como resumiu Ives em nossa conversa: "No final do dia, tomamos dinheiro emprestado a 6-7%, totalmente dedutível dos impostos, e ganhamos 10% em dívidas com vantagens tributárias, além de termos uma opção de conversão (que acabou nos permitindo desmembrar o Neiman Marcus Group) e a opção de comprar Waldenbooks".[2] Nada mal para um fim de semana de trabalho.

Posteriormente, a General Cinema trocou sua participação de 40% nas ações da CHH por uma participação controladora de 60% na divisão de varejo especializado da empresa, cujo principal ativo era a rede Neiman Marcus. Os retornos de longo prazo sobre o investimento na CHH da empresa foram de extraordinários 51,2%. A transação da CHH marcou a entrada decisiva da General Cinema no varejo, um novo negócio cujas perspectivas de crescimento atraentes não estavam correlacionadas com os negócios de bebidas nem com os de cinema.

. . .

Smith viu duas tendências preocupantes surgindo no final dos anos 1980: uma Coca-Cola rejuvenescida atacava a Pepsi nos mercados locais e um aumento drástico nos preços das franquias de bebidas à medida que o entendimento sobre os fundamentos econômicos favoráveis do setor se generalizava. Com relutância, sua resposta foi a decisão de explorar a venda do negócio, que foi vendido em 1989 para a empresa-mãe da Pepsi por um preço recorde. Após essa venda, a General Cinema tinha mais de US$ 1 bilhão em caixa em seu balanço patrimonial e Smith voltou a procurar uma aquisição de diversificação.

Não demorou muito para encontrá-la. Em 1991, após um processo tortuoso de 18 meses, Smith fez sua última e maior aquisição, quando comprou a editora Harcourt Brace Jovanovich (HBJ) em um complexo processo de leilão e montou a terceira perna final da General Cinema. A HBJ era uma importante editora educacional e científica que também possuía uma empresa de testes e uma empresa de recrutamento de executivos. Desde meados da década de 1960, a empresa era administrada como um feudo pessoal pelo CEO William Jovanovich. Em 1986, HBJ recebeu uma oferta de aquisição hostil do editor britânico renegado Robert Maxwell e, em resposta, Jovanovich assumiu grandes dívidas, vendeu o negócio de parques de diversões da HBJ e fez uma distribuição substancial para os acionistas.

Essa série de medidas rechaçou a tentativa de Maxwell, mas deixou a empresa com uma carga de endividamento insustentável. À medida que a empresa desrespeitava cláusulas e atrasava pagamentos, sua dívida era negociada com descontos cada vez maiores e vários investidores-abutres (incluindo Leon Black, da Apollo Investments) começaram a acumular posições no complexo bolo de títulos de dívida da empresa.

Com a estagnação das operações, William Jovanovich se aposentou e foi substituído por Peter, seu filho, executivo de longa data da HBJ. No final de 1990, a empresa contratou a Smith Barney para conduzir um processo de venda. Na General Cinema, a equipe executiva mergulhou em uma análise da complexa estrutura de capital da HBJ. Apesar de sua aversão aos leilões, a equipe de gestão concluiu que o negócio se encaixava bem nos critérios de aquisição da General Cinema e decidiu ir atrás dele com todas as forças.

A equipe também acreditava que o balanço patrimonial labiríntico da HBJ (caracterizado pelo banqueiro de investimentos Caesar Sweitzer como um "curso avançado em finanças corporativas") provavelmente dissuadiria outros compradores, o que criaria uma oportunidade para um comprador independente, ágil e bem capitalizado negociar uma avaliação atraente.[3] Após extensas negociações com os muitos credores da empresa, Smith concordou em comprá-la por US$ 1,56 bilhão, o que representava 62% do valor de mercado da General Cinema na época —uma aposta enorme. Esse preço era igual a um múltiplo de seis vezes o fluxo de caixa dos principais ativos editoriais da HBJ, um preço atraente em relação a transações comparáveis (Smith acabaria vendendo esses negócios por 11 vezes o fluxo de caixa.) A Tabela 7-1 descreve as fontes e os usos da transação, o que dá uma ideia de sua complexidade e do número de partes envolvidas.

Após a aquisição da HBJ em 1991, a General Cinema desmembrou seu negócio de cinemas maduro e criou uma entidade de capital aberto separada, a GC Companies (GCC), o que permitiu que a gerência concentrasse sua atenção nos negócios de varejo e editorial de maior porte. Smith e sua equipe de gestão passaram a operar os negócios de varejo e publicação durante a década seguinte. Em 2003, Smith vendeu os ativos editoriais da HBJ para a Reed Elsevier e, em 2006, vendeu a Neiman Marcus, o último vestígio do portfólio da General Cinema, para um

TABELA 7-1
Dados financeiros da aquisição da Harcourt Brace Jovanovich pela General Cinema

	Oferta original	Oferta final
	$1,46 bilhão	$1,56 bilhão
Ações ordinárias da HBJ	$1,30 em caixa	$0,75 em ações da GC
Ações preferenciais da HBJ	$1,30 em caixa	$0,75 em ações da GC
Títulos de dívida seniores da HBJ	93% do principal	100% do principal
Títulos de dívida subordinados seniores da HBJ	77%	91%
Títulos de dívida subordinados da HBJ	45%	47,5%
Títulos de cupom zero da HBJ	32,4%	40,975%
PIKs (pagamento em espécie) da HBJ	40%	47%

Fonte: Declaração de procuração conjunta General Cinema/Harcourt Brace Jovanovich, pp. 32, 40, 46–47.

consórcio de compradores de *private equity*. Ambas as transações estabeleceriam recordes de avaliação em seus setores, fechando com chave de ouro uma sequência extraordinária para Smith e os acionistas da General Cinema.

Smith, que caíra de paraquedas no cargo de CEO após a morte do pai, registrou números extraordinários ao longo de seus 43 anos no comando da General Cinema (ver Figura 7-1) e gerou notável retorno anual composto de incríveis *16,1%* para seus acionistas, muito maior que os *9%* do S&P e os *9,8%* da GE no mesmo período. Um dólar investido com Dick Smith no início de 1962 valeria *US$ 684* no final do período. Esse mesmo dólar investido no S&P valeria US$ 43 e US$ 60 se investido com a GE.

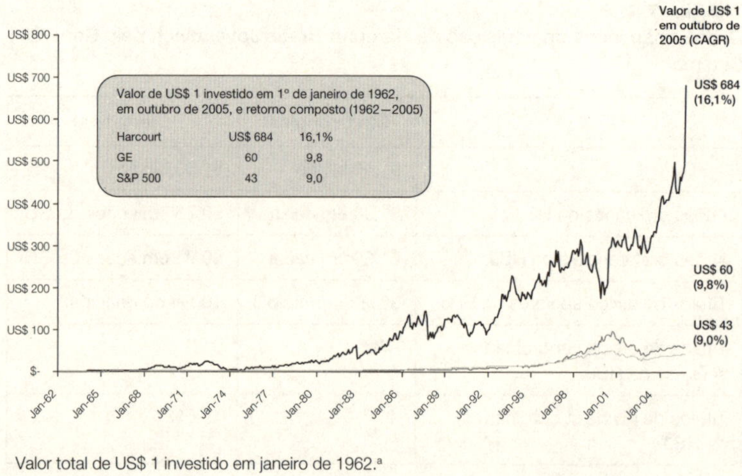

FIGURA 7-1

O retorno total aos acionistas excedeu radicalmente o retorno do S&P 500 e dos comparáveis.

Fonte: Center for Research in Security Prices (CRSP).

Obs.: A NMG foi desmembrada para os acionistas da GC em outubro de 1989, e a Harcourt General foi vendida para a Reed Elsevier em julho de 2001. Para capturar o retorno gerado pela venda da NMG para a TPG e a Warburg Pincus em outubro de 2005, suponha que a receita da venda para a Reed Elsevier seja reinvestida em um título cujo valor cresce todos os anos a uma taxa equivalente ao crescimento médio da Leucadia e do S&P 500 naquele ano (CAGR da Leucadia e do S&P de 17,7% e 0,7% no período de julho de 2001 a outubro de 2005).

[a] Suponha que os dividendos (tributados em 35%) são reinvestidos após o recebimento em ações ordinárias da empresa.

Os elementos básicos

Smith desenvolveu uma abordagem diferenciada para gerenciar as operações da General Cinema. Ele dirigia a empresa em estreita colaboração com um grupo de três altos executivos: o diretor financeiro Woody Ives, o diretor de operações Bob Tarr e o diretor jurídico Sam Frankenheim. O grupo tinha a designação oficial de Gabinete do Presidente, ou OOC (*office of the chairman*). O OOC se reunia uma vez por semana, e Smith incentivava ativamente o debate entre seus principais executivos.

Caesar Sweitzer, banqueiro de investimentos de longa data da General Cinema, caracteriza essas sessões como "sessões de luta--livre conduzidas de forma construtiva e parceira".[4]

Smith estava até disposto a ser voto vencido quando discordava dos outros membros do OOC. Woody Ives, o talentoso CFO da empresa, relembra um de seus momentos de maior orgulho na General Cinema (Ives mais tarde sairia da empresa para liderar um *turnaround* bem-sucedido na Eastern Resources), quando uma *joint venture* para entrar no negócio de TV a cabo com a Comcast e a CBS foi rejeitada pelo conselho depois que Smith deixou Ives expressar uma opinião divergente: "Ele me deu permissão para discordar publicamente dele na frente do Conselho. Pouquíssimos CEOs teriam feito isso."[5]

A General Cinema operava com uma equipe corporativa muito enxuta. A empresa tinha sua sede corporativa ao lado de um de seus cinemas, nos fundos de um *shopping center* genérico em Chestnut Hill, Massachusetts. Smith observa com orgulho que esse escritório suburbano praticamente não pagava aluguel, pois o cinema cobria as despesas de aluguel de todo o complexo. Smith delegava a gestão das operações diárias ao OOC e aos chefes de divisão. Também dedicava pouco tempo às comunicações com investidores, que eram "apenas adequadas", de acordo com Bob Beck, analista da Putnam.[6] Em vez disso, passava a maior parte do tempo focado em questões estratégicas e de alocação de capital.

A empresa era administrada com pulso firme por esse pequeno grupo de gerentes. David Wargo, um investidor de mídia de longa data, compartilhou comigo um relatório que escreveu após uma reunião com a gerência imediatamente após a aquisição da HBJ. O que chama a atenção no relatório é a nitidez da apresentação: a justificativa claramente definida para a transação e a lista de *benchmarks* e objetivos de retorno específicos, sem palavreado desnecessário. Em retrospecto, também vale ressaltar que a empresa atingiu ou superou cada uma de suas metas. Como diz Wargo sobre a equipe da General Cinema, "é impressionante quanto valor pode ser criado por um pequeno grupo de pessoas realmente talentosas".[7]

Smith, que havia se tornado CEO com menos de 40 anos, não tinha dificuldade para dar responsabilidades a executivos em início de carreiras. Em 1974, Smith contratou Ives, um banqueiro de investimentos de 37 anos e sem experiência operacional, para ser o diretor financeiro da empresa. Da mesma forma, em 1978 escolheu Tarr, um ex-comandante de submarino de 34 anos com um MBA de Harvard, para presidir a divisão de bebidas. Mais tarde, Smith contrataria Paul Del Rossi, de 35 anos, para dirigir o negócio de cinemas.

A remuneração dos altos executivos era, nas palavras de Smith, "competitiva, mas não extraordinária".[8] No entanto, a empresa oferecia capital próprio aos principais gerentes por meio de opções e de um generoso programa de compra de ações, no qual a empresa igualava os investimentos dos funcionários até um nível máximo estabelecido. O resultado dessas iniciativas, de acordo com Woody Ives, era que a equipe executiva "se sentia dona do negócio [...] éramos todos acionistas e nos comportávamos como tal".[9]

. . .

O histórico de alocação de capital de Smith foi excelente. As três principais fontes de caixa durante sua longa gestão foram fluxo de caixa operacional, dívida de longo prazo e receitas da venda ocasional de grandes ativos.

O ramo de cinemas é marcado por características excepcionais de fluxo de caixa, devido às suas necessidades de capital de giro negativas (os clientes pagam antecipadamente, enquanto os estúdios de cinema recebem 90 dias depois pelos seus filmes) e baixos requisitos de capital (uma vez que um cinema é construído, pouquíssimo investimento é necessário para mantê-lo). Esses fundamentos econômicos atraentes tiveram um efeito poderoso sobre a visão de mundo empresarial de Dick Smith e, desde os primeiros momentos da história da empresa, ele se concentrou em maximizar o fluxo de caixa, não o tradicional lucro por ação (LPA).

Quando me encontrei com Smith em seu escritório, ele me mostrou o relatório anual de 1962, seu primeiro como CEO, no qual se refere repetidamente ao *lucro operacional líquido* (definido como lucro líquido mais depreciação) como a métrica-chave na avaliação do desempenho da empresa, *não* o lucro líquido. É possível que seja a primeira vez que esse termo, hoje padrão, tenha sido utilizado na linguagem comercial norte-americana. Como disse Woody Ives, diretor financeiro de longa data da General Cinema, "nosso foco estava sempre no caixa". Durante toda a gestão de Smith, a empresa foi consistente em gerar altos níveis de fluxo de caixa operacional.[10]

Smith fazia pouco das ofertas de ações. Na verdade, evitou quase totalmente a emissão de ações desde o momento da oferta pública inicial da empresa até a emissão de um número microscópico de ações em 1991 para facilitar o tratamento tributário favorável da transação da HBJ. "Nunca emitimos uma ação sequer", ele me disse. "Eu era como um senhor feudal, agarrado à terra ancestral!"

Contudo, a empresa fez uso estratégico do endividamento para financiar aquisições. Suas duas maiores compras, a Carter Hawley Hale e a Harcourt Brace Jovanovich, foram totalmente financiadas por dívidas. Como resultado, a partir de meados da década de 1980, a empresa manteve consistentemente os índices de dívida em relação ao fluxo de caixa de pelo menos três vezes, alavancando os retornos patrimoniais e ajudando a minimizar os impostos.

A minimização de impostos foi outra importante fonte de recursos na General Cinema e outra área na qual a empresa teve uma abordagem diferenciada. Smith, em particular, foi pioneiro na área. Como me contou Dick Denning, consultor tributário de longa data da empresa: "eles eram extraordinariamente sofisticados [...] e não tinham medo de explorar e utilizar novas ideias fiscais". A eficácia desse planejamento tributário fica evidente na baixa alíquota efetiva média da empresa, de 33%, ao longo da gestão de Smith (durante o qual as alíquotas de pessoa jurídica eram, em média, de quase 50%).

Como vimos, é raro um CEO vender uma grande divisão ou negócio sem a pressão de acionistas externos. Dick Smith, no entanto (como vários CEOs deste livro, incluindo Bill Anders e Bill Stiritz), foi um vendedor excepcional de negócios, e em três ocasiões vendeu grandes divisões por preços recordes: o negócio de bebidas em 1989, o negócio editorial da HBJ em 2003 e o Neiman Marcus Group (NMG) em 2006. Em todas elas, quando percebeu uma combinação de perspectivas de crescimento em queda e avaliações altas, Smith agiu com energia para vender, mesmo que isso significasse reduzir substancialmente sua empresa.

Em 2006, no exemplo mais recente, Smith viu que a expansão da rede Neiman Marcus seria ao mesmo tempo intensiva em capital (novas lojas adicionais exigiam US$ 50 milhões cada em capital) e operacionalmente difícil. Smith viu também que empresas de *private equity*, com os cofres cheios de dívidas de baixo custo, estavam pagando preços recordes por propriedades de varejo *premium*. Ele contratou a Goldman Sachs e, após um leilão, um consórcio liderado pelo Texas Pacific Group (TPG) pagou um múltiplo recorde do fluxo de caixa pelo Neiman Marcus Group.

A única divisão madura que Smith não vendeu foi o negócio de cinemas de legado da General Cinema, a GC Companies. No final da década de 1990, o ramo de exibição de filmes havia se tornado muito mais competitivo. Em vez de vender a divisão de cinemas (Smith supostamente recebera uma oferta atraente no final dos anos 1980), a empresa tentou racionalizar sua rede existente para competir com os novos megaplexos que surgiam pelo país. A GCC fechou alguns cinemas, expandiu outros, investiu em novas tecnologias de projeção — tudo sem sucesso. No final da década de 1990, a GCC não conseguia mais arcar com suas dívidas e declarou falência, um raro revés na carreira de Smith.

. . .

Smith utilizou o dinheiro advindo dessas diversas fontes de três formas principais: aquisições, recompras de ações e despesas de capital. A empresa distribuía dividendos mínimos e era famosa pela sua disposição em manter grandes saldos de caixa enquanto aguardava o surgimento de oportunidades de investimento atraentes.

As empresas adquiridas por Smith compartilhavam várias características em comum. Eram líderes de mercado com sólidas perspectivas de crescimento e marcas respeitadas. Também costumavam ser transações oportunistas, cujas circunstâncias dissuadiam outros compradores em potencial — no caso da Carter Hawley Hale, nenhum outro comprador poderia ter agido tão rapidamente para combater a oferta de aquisição da The Limited; no caso da HBJ, nenhum outro comprador estava disposto a gastar o tempo necessário para desvendar a complexa estrutura de capital e negociar com as múltiplas camadas de credores. Também eram apostas enormes em relação ao tamanho da empresa, desde 22% a fantásticos 62% do valor de mercado da organização na época em que foram feitas.

Smith foi um recomprador constante das ações da General Cinema ao longo do tempo, e acabou por recomprar um terço das ações da empresa. Sua taxa interna de retorno de longo prazo sobre essas recompras foi de *16%*, um valor bastante atraente. Quando, em resposta à iniciativa de investimento com envolvimento da empresa em 1982, a Heublein comprou um grande bloco de ações da GC, Smith respondeu com a recompra de 10% de suas próprias ações, sua maior recompra individual.

A General Cinema manteve uma abordagem disciplinada às despesas de capital, sendo que todos os pedidos de capital exigiam retornos de caixa atraentes sobre o capital investido. Os primeiros cinemas suburbanos da empresa geraram retornos excepcionais, e a divisão de bebidas também tinha opções atraentes de investimento interno. Os outros negócios da General Cinema eram julgados de acordo com esses altos padrões. A frente editorial da HBJ tinha poucos ativos físicos e, como resultado, baixos requisitos de capital. O negócio da Neiman Marcus, no entanto, tinha requisitos de capital significativos.

Embora o negócio de varejo fosse mais intensivo em capital do que os outros empreendimentos da General Cinema, Smith enxergou na Neiman Marcus uma marca única que havia sido mal administrada pelos proprietários anteriores. Smith estava disposto a fazer grandes investimentos ocasionais para abrir novas lojas Neiman, pois acreditava que demonstrar o potencial de crescimento permitiria à empresa realizar um ágio quando saísse do negócio (em seus 20 anos de propriedade, a General Cinema inaugurou apenas 12 lojas; o novo comprador planejaria abrir muitas vezes esse número). Essa lógica foi amplamente justificada pelo preço de saída estratosférico da Neiman.

. . .

Assim como na Capital Cities, uma sensação de entusiasmo contagiante permeou minhas entrevistas com ex-altos executivos da General Cinema, uma sensação de camaradagem e aventura. Em grupo, esses executivos levaram a empresa a uma sucessão eclética de novos negócios. Em cada um deles, demonstraram ser operadores excepcionais, com margens líderes em seus setores e retornos excepcionais. Smith conseguiu criar um ambiente em que esse talentoso grupo de executivos recebia um nível excepcional de autonomia e se sentia dono do negócio. Foi assim que Smith, com um brilho nos olhos, resumiu para mim: "Todos nós nos divertimos *muito*". Nas palavras de Woody Ives sobre sua carteira pessoal: "Eu só queria nunca ter vendido uma única ação".[11]

8

O investidor como CEO

Warren Buffett e a Berkshire Hathaway

> Moldamos nossos edifícios e então eles nos moldam.
>
> —*Winston Churchill*
>
> A força mais poderosa do universo são os juros compostos.
>
> —*Albert Einstein*
>
> Ser CEO me tornou um investidor melhor e vice-versa.
>
> —*Warren Buffett*

A Berkshire Hathaway, uma empresa têxtil centenária localizada em New Bedford, Massachusetts, pertencera às mesmas duas famílias locais, os Chaces e os Stantons, por gerações. A empresa, um vestígio dos dias de glória da indústria da Nova Inglaterra, foi o alvo improvável de uma das primeiras aquisições hostis em 1965 — hostil, pelo menos, para o teimoso CEO septuagenário da empresa, Seabury Stanton. Stanton, ao recusar uma reunião com um grande investidor insatisfeito, criou um adversário inesperadamente aguerrido.

A empresa acabou adquirida, após uma longa disputa por procuração, por esse invasor corporativo extremamente improvável — um prodígio orelhudo desconhecido de 35 anos do Nebraska chamado Warren Buffett. Buffett administrava uma pequena parceria de investimentos em um edifício comercial anônimo em Omaha e não tinha experiência prévia em gestão.

Mas Buffett era muito diferente dos infames barões das LBOs da década de 1980. Em primeiro lugar, não era muito hostil, tendo estabelecido um relacionamento próximo com a família Chace antes de fazer sua jogada. Segundo, não usou dívida alguma — o que destoava bastante de Gordon Gekko ou Henry Kravis.

Buffett foi atraído pela Berkshire por seu preço barato em relação ao valor contábil. Na época, a empresa tinha apenas uma posição de mercado fraca em um negócio de *commodity* em que a concorrência era brutal (forros de ternos) e meros US$ 18 milhões em capitalização de mercado. A partir desse início prosaico vieram resultados sem precedentes; e medidos pelo desempenho de longo prazo das ações, em comparação com todos os outros CEOs, o jovem do Nebraska com corte de cabelo militar está simplesmente em outra esfera. Esses retornos intergaláticos tiveram sua origem naquela empresa têxtil anciã da Nova Inglaterra, cuja capitalização de mercado hoje é de US$ 140 bilhões, *e praticamente com o mesmo número de ações.* Buffett comprou sua primeira ação da Berkshire por US$ 7; hoje, ela é negociada por mais de US$ 120.000.

O modo como Buffett, a partir de um ponto de partida tão improvável, efetuou essa transição incrível e o modo sua experiência como investidor moldou sua abordagem única à gestão da Berkshire representam uma história irresistível.

. . .

Warren Buffett nasceu em 1930 em Omaha, Nebraska, onde sua família tinha raízes profundas. Seu avô dirigia uma conhecida mercearia local. Seu pai era corretor de ações no centro da cidade e depois foi congressista. Buffett herdou deles estilo pessoal pé no chão. Ele demonstrou tendências empreendedoras desde cedo e buscou diversos empreendimentos, começando aos 6 anos e continuando até o ensino médio, incluindo entrega de jornais, máquinas de venda automática e revenda de refrigerantes. Após um breve período na Wharton, ele se formou na Universidade de Nebraska aos 20 anos e começou a tentar entrar em escolas de negócios.

Buffett sempre se interessara pelo mercado de ações e aos 19 anos leu um livro chamado *O investidor inteligente*, de Benjamin Graham, que suscitou nele uma epifania do tipo "Paulo no caminho de Damasco". Buffett se converteu da noite para o dia em um investidor de valor, seguindo a fórmula de Graham de comprar empresas estatisticamente baratas, negociadas com descontos significativos em relação ao capital de giro líquido (*net/nets*, como eram conhecidas). Ele começou a empregar essa estratégia para investir os recursos de seus primeiros empreendimentos comerciais (aproximadamente US$ 10 mil na época) e, depois de ser rejeitado pela Harvard Business School, se matriculou em Columbia para estudar com Graham. Ele se tornou o astro da turma de Graham e recebeu o primeiro A+ concedido pelo professor em seus mais de 20 anos na universidade.

Depois de se formar em 1952, Buffett pediu a Graham um emprego em sua empresa de investimentos, mas foi rejeitado e voltou para Omaha, onde conseguiu um emprego como corretor. A primeira empresa que recomendou aos clientes foi a GEICO, uma seguradora de automóveis que vendia apólices diretamente para funcionários do governo. A empresa inicialmente atraiu a atenção de Buffett porque Graham era seu presidente, mas quanto mais a estudava, mais percebia que a GEICO tinha vantagens competitivas importantes e uma *margem de segurança*, o termo de Graham para um preço bem abaixo do valor intrínseco (o preço que um comprador sofisticado e totalmente informado pagaria pela empresa). Ele investiu a maior parte do patrimônio pessoal na empresa e tentou interessar os clientes de sua empresa pelas ações. No entanto, Buffett não conseguiu convencê-los e, de forma mais geral, descobriu que o negócio de corretagem estava muito distante da pesquisa de investimento pela qual se apaixonara.

Ele manteve contato com Graham durante esse período e enviava constantemente ideias sobre ações para o ex-professor. Finalmente, em 1954, Graham cedeu e ofereceu um emprego a Buffett. Buffett voltou para Nova York e, nos dois anos seguintes, trabalhou para Graham na pesquisa de *net/nets* (mais tarde, usaria a analogia extravagante de "bitucas de charuto" para descrever essas empresas baratas, muitas vezes de baixa qualidade). Em 1956, Graham dissolveu sua empresa para se concentrar em outros interesses (que incluíam traduzir Ésquilo do grego antigo), e Buffett retornou a Omaha. Em sua cidade natal, Buffett criou uma pequena parceria de investimentos (US$ 105 mil) com os recursos de amigos e parentes. Seu próprio patrimônio havia crescido para US$ 140 mil (hoje equivalente a mais de US$ 1 milhão).

Nos 13 anos seguintes, Buffett alcançou resultados extraordinários e superou significativamente o S&P todos os anos sem recorrer à alavancagem (veja a Tabela 8-1). Em geral, esses resultados foram possíveis com o uso da abordagem de valor profundo de Graham. Buffett, no entanto, fez dois grandes investimentos em meados da década de 1960, na American Express e na Disney, que não seguiram os ditames de Graham e que pressagiaram uma mudança maior em sua filosofia de investimento,

TABELA 8-1
Resultados da Buffett Partnership (porcentagem)

	Buffett Partnership	Dow	Variância
1957	10,4	(8,4)	18,8
1958	40,9	38,5	2,5
1959	25,9	20,6	5,3
1960	22,8	(6,2)	29,0
1961	45,9	22,4	23
1962	13,9	(7,6)	21
1963	38,7	20,6	18
1964	27,8	18,7	9
1965	47,2	14,2	33
1966	20,4	(15,6)	35
1967	35,9	19	14
1968	58,8	7,7	51
1969	6,8	(11,6)	18
Média	30,4	8,6	21,8

na direção de empresas de alta qualidade com fortes barreiras competitivas.

Em 1965, Buffett comprou o controle da Berkshire Hathaway por meio da Buffett Partnership. Ele dirigiu a parceria por mais quatro anos, com excelentes resultados ininterruptos e, em 1969 (não coincidentemente, no mesmo ano em que Henry Singleton parou de fazer aquisições na Teledyne), a dissolveu abruptamente em face dos altos preços do mercado altista do final da década. Contudo, Buffett manteve sua participação acionária na Berkshire, pois via nela um possível veículo futuro para suas atividades de investimento.

Imediatamente após comprar o controle da Berkshire, Buffett escolheu um novo CEO, Ken Chace. Nos primeiros três anos sob a liderança de Chace, a empresa gerou US$ 14 milhões em caixa à medida que Chace reduzia os estoques e vendia o excesso de fábricas e equipamentos, e a empresa vivenciou uma (rara) explosão cíclica de lucratividade. A maior parte desse capital foi usada para adquirir a National Indemnity, uma seguradora de nicho que gerava quantias prodigiosas de caixa na forma de *float*, a renda de prêmios de seguro gerada antes de perdas e despesas. Buffett investiu esse *float* de forma bastante eficaz, comprando títulos negociados na bolsa e empresas de propriedade integral, incluindo o *Omaha Sun*, um jornal semanal de Omaha, e um banco em Rockford, Illinois.

Ao mesmo tempo, fora da Berkshire Hathaway Buffett começou a trabalhar mais de perto com Charlie Munger, outro nativo de Omaha e brilhante advogado e investidor que morava na Costa Oeste e se transformara no confidente de Buffett. No início dos anos 1980, Munger e Buffett formalizariam sua parceria na Berkshire e Munger se tornou o vice-presidente da empresa, cargo que ainda ocupa.

. . .

O medo da inflação era um tema constante nos relatórios anuais da Berkshire durante a década de 1970 e início da de 1980. A sabedoria convencional na época era que os ativos concretos (ouro, madeira, etc.) eram a proteção mais eficaz contra a inflação. Buffett, no entanto, sob a influência de Munger e em um desvio da abordagem tradicional de Graham, chegou a uma conclusão diferente. Sua visão contestadora era que, na verdade, ninguém estava melhor posicionado para resistir aos efeitos corrosivos da inflação do que as empresas com baixas necessidades de capital e a capacidade de aumentar os preços.

Isso o levou a investir em marcas de bens de consumo e ativos de mídia — empresas com "franquias", posições de mercado dominantes ou marcas fortes. Junto com essa mudança nos critérios de investimento veio uma transição importante para períodos de investimento mais longos, o que permitiu o crescimento geométrico dos valores dos investimentos antes de impostos a longo prazo.

É difícil exagerar a importância dessa mudança. No meio da carreira, Buffett estava trocando uma abordagem de investimento comprovada e lucrativa, focada no balanço patrimonial e nos ativos tangíveis, por uma totalmente diferente, voltada para o futuro e que enfatizava a demonstração de resultados do exercício e ativos difíceis de quantificar, como marcas e participação de mercado. Para determinar a margem de segurança, Buffett passou a confiar em fluxos de caixa descontados e valores de mercado privado, em vez do cálculo de capital de giro líquido que Graham tanto amava. Não foi diferente da polêmica e quase contemporânea transformação de Bob Dylan, que trocou o violão pela guitarra.

Essa mudança tectônica se estendeu por toda a década de 1970 nas carteiras de seguros da Berkshire, nos quais crescia a proporção das empresas de mídia e de bens de consumo de marca. No final da década, essa transição foi concluída e a carteira de Buffett incluía a propriedade total da See's Candies e do *Buffalo News*, bem como grandes participações acionárias no *Washington Post*, na GEICO e na General Foods.

Na primeira metade da década de 1980, Buffett se concentrou em aumentar o portfólio de empresas de propriedade integral da Berkshire. Ele comprou a Nebraska Furniture Mart por US$ 60 milhões em 1983 e a Scott Fetzer, um conglomerado de

See's: o ponto da virada

Um investimento fundamental para a mudança de foco de investimento de Buffett, de "bitucas de charuto" para "franquias", foi a aquisição da See' Candies em 1972. Buffett e Munger compraram a See's por US$ 25 milhões. Na época, a empresa tinha US$ 7 milhões em valor contábil tangível e US$ 4,2 milhões em lucros antes de impostos, então parecia que estavam pagando um múltiplo exorbitante, de mais de três vezes o valor contábil (mas apenas seis vezes a renda antes dos impostos). A See's era cara para os padrões de Graham, que nunca teria chegado perto dela. Buffett e Munger, no entanto, enxergaram uma marca querida pelo público, com excelentes retornos sobre o capital e poder de precificação inexplorado, e imediatamente instalaram um novo CEO, Chuck Huggins, para aproveitar essa oportunidade.

O crescimento das vendas unitárias da See's foi relativamente pequeno desde a aquisição, mas, graças ao poder de sua marca, a empresa conseguiu aumentar os preços de forma consistente, resultando em um retorno composto extraordinário de 32% sobre o investimento da Berkshire nos primeiros 27 anos. (Após 1999, os resultados da See's deixaram de ser divulgados separadamente.)

Durante os últimos 39 anos, a empresa enviou US$ 1,65 *bilhão* em caixa livre para Omaha, por um investimento original de US$ 25 milhões. Esse dinheiro foi redistribuído com grande habilidade por Buffett, e a See's foi um alicerce fundamental para o sucesso da Berkshire. (Curiosamente, o preço de compra desempenhou um papel relativamente pequeno na geração desses retornos: se Buffett e Munger tivessem pago o *dobro* do preço, o retorno ainda teria sido de 21%, um valor bastante atraente.)

negócios industriais de nicho, por US$ 315 milhões em 1985. Em 1986, fez seu maior investimento até então quando destinou US$ 500 milhões para ajudar seu amigo Tom Murphy, CEO da Capital Cities, a adquirir a ABC. Buffett e a Berkshire acabaram donos de 18% da empresa combinada, e ela se tornou a terceira de suas ações "permanentes", ao lado da GEICO e da The Washington Post Company.

Em 1987, antes da queda do mercado de outubro, Buffett havia vendido todas as ações em suas carteiras de seguradoras, exceto pelas suas três posições principais. Após a transação da Capital Cities, Buffett não fez outro investimento no mercado aberto até 1989, quando anunciou que havia feito o maior investimento na história da Berkshire: uma quantia igual a *um quarto* do valor contábil da Berkshire na Coca-Cola Company, com a compra de 7% de suas ações.

No final da década de 1980, Buffett fez alguns investimentos em títulos preferenciais conversíveis de empresas de capital aberto, incluindo Salomon Brothers, Gillette, US Airways e Champion Industries. Os dividendos desses títulos tinham vantagens fiscais, o que proporcionava à Berkshire um rendimento atraente e o potencial de ganhos (por meio da possibilidade de convertê-los em ações ordinárias) se as empresas tivessem um bom desempenho.

Em 1991, a Salomon Brothers estava no centro de um grande escândalo financeiro, acusada de manipular preços em leilões de títulos do Tesouro, e Buffett foi convocado para atuar como CEO interino e ajudar a empresa a enfrentar a crise. Ele se dedicou em tempo integral ao projeto por pouco mais de nove meses, acalmou os reguladores, instalou um novo CEO e tentou racionalizar os programas de remuneração labirínticos da Salomon. No final, a empresa resolveu a questão com o pagamento de um acordo relativamente pequeno e voltou à sua antiga prosperidade. No final de 1996, a Salomon foi vendida para a Travelers Corporation de Sandy Weill por US$ 9 bilhões, um ágio significativo em relação ao custo de investimento de Buffett.

No início da década de 1990, Buffett continuou a fazer investimentos consideráveis, mas seletos, no mercado aberto, incluindo grandes posições na Wells Fargo (1990), General Dynamics (1992) e American Express (1994). Com o passar da década, Buffett mais uma vez mudou seu foco para aquisições, culminando em duas transações de seguro significativas: a compra por US$ 2,3 bilhões da metade da GEICO que ainda não possuía em 1996 e a compra da resseguradora General Re em 1998 por US$ 22 bilhões em ações da Berkshire, a maior transação na história da empresa.

No final dos anos 1990 e início dos anos 2000, Buffett foi um comprador oportunista de empresas de capital fechado, muitas delas em setores desfavorecidos após os ataques terroristas de 11 de setembro, incluindo Shaw Carpets, Benjamin Moore Paints e Clayton Homes. Também fez uma série de investimentos significativos no setor de concessionárias de energia elétrica por meio da MidAmerican Energy, uma *joint venture* com Walter Scott, seu amigo de Omaha e ex-CEO da Kiewit Construction.

Durante esse período, Buffett também atuou em diversas áreas de investimento fora dos mercados de ações tradicionais. Em 2003, fez uma aposta grande (US$ 7 bilhões) e muito lucrativa em *junk bonds*, então extremamente fora de moda. Em 2003 e 2004, fez uma aposta cambial significativa (US$20 bilhões) contra o dólar e em 2006 anunciou a primeira aquisição internacional da Berkshire: a compra da israelense Istar, uma grande fabricante de lâminas e ferramentas de corte, por US$ 5 bilhões, que prosperou sob a propriedade da Berkshire.

A seguir vieram vários anos de inatividade, interrompidos pela crise financeira após a falência do Lehman Brothers, após a qual Buffett entrou em um dos períodos de investimento mais ativos de sua carreira. Esse trecho de atividade atingiu seu clímax quando a Berkshire comprou a maior ferrovia do país, a Burlington Northern Santa Fe, no início de 2010, a uma avaliação total de US$ 34,2 bilhões.

Então, aqui estão os números interplanetários. De junho de 1965, quando Buffett assumiu o controle da Berkshire, até 2011, o valor das ações da empresa aumentou a uma taxa composta fenomenal de *20,7%*, superando os retornos de *9,3%* do S&P 500 no mesmo período (ver Figura 8-1). Um dólar investido na

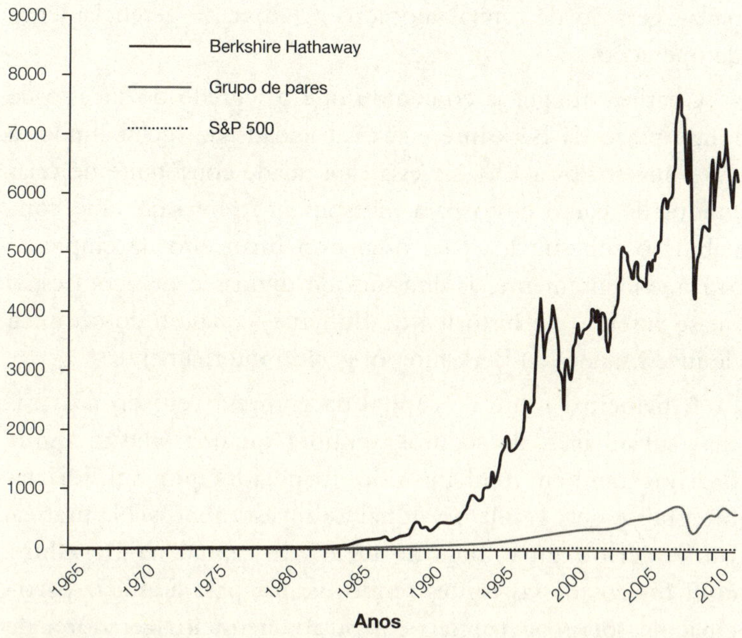

FIGURA 8-1
Valor de US$ 1 na Berkshire Hathaway.
Fonte: Center for Research in Security Prices (CRSP) e Compustat.

época em que Buffett assumiu a empresa valia *US$ 6.265* passados 45 anos. (Um dólar investido na época da primeira compra de ações de Buffett valia mais de US$ 10.000.) Esse mesmo dólar investido no S&P valeria *US$ 62*.

Durante a longa gestão de Buffett, os retornos da Berkshire superaram os do S&P em extraordinárias *cem vezes,* muitíssimo acima dos da GE na era Welch e qualquer índice de pares.

Os elementos básicos

Os resultados excepcionais de Buffett são derivados de uma abordagem idiossincrática em três áreas críticas e inter-relacionadas: geração de capital, alocação de capital e gerenciamento de operações.

Charlie Munger já comentou que o segredo do sucesso de longo prazo da Berkshire é sua capacidade de "gerar fundos a 3% e investi-los a 13%", e essa capacidade consistente de criar fundos de baixo custo para investimento tem sido uma contribuição subestimada para o sucesso financeiro da empresa.[1] Surpreendentemente, as emissões de dívidas e de ações estão quase ausentes no histórico de Buffett — quase todo o capital de investimento da Berkshire foi gerado internamente.

A principal fonte de capital da empresa veio do *float* das suas subsidiárias de seguros, embora quantias muito significativas também tenham sido fornecidas por subsidiárias integrais e pela venda ocasional de investimentos. Na prática, Buffett criou uma "bola de neve" de capital na Berkshire, com fundos dessas fontes sendo usados para adquirir participações totais ou parciais em outros negócios geradores de caixa, cujos ganhos, por sua vez, financiam outros investimentos, e assim por diante.

O ramos de seguros é de longe o mais importante da Berkshire e a base crítica de seu crescimento extraordinário. Buffett desenvolveu uma abordagem distinta para o negócio de seguros, que tem semelhanças interessantes com sua abordagem mais geral de gestão e alocação de capital.

Quando adquiriu a National Indemnity em 1967, Buffett foi um dos primeiros a reconhecer a alavancagem inerente às seguradoras com a capacidade de gerar *float* de baixo custo. A aquisição foi, em suas palavras, um "divisor de águas" para a Berkshire. "O *float* é dinheiro que detemos, mas não possuímos", explica. "Em uma operação de seguros, o *float* ocorre porque os prêmios são recebidos antes que as indenizações sejam pagas, um hiato que às vezes se estende por muitos anos. Durante esse período, a seguradora investe o dinheiro".[2] É outro exemplo de uma poderosa métrica iconoclasta que o resto do setor ignorava quase totalmente na época.

Com o tempo, Buffett desenvolveu uma estratégia idiossincrática para suas operações de seguros que enfatizava a subscrição lucrativa e a geração de *float* em detrimento do crescimento da receita de prêmios. Essa abordagem, radicalmente diferente da maioria das outras seguradoras, dependia da disposição em evitar a subscrição de seguros quando os preços estavam baixos, mesmo que a lucratividade de curto prazo pudesse sofrer, e, por outro lado, da propensão a subscrever volumes extraordinariamente altos quando os preços estavam atraentes.

Essa abordagem gerou resultados de subscrição irregulares, mas altamente lucrativos. Em 1984, por exemplo, a maior seguradora de bens e responsabilidade civil (P&C — *property and casualty*) da Berkshire, a National Indemnity, pagou US$ 62,2 milhões em prêmios. Dois anos depois, os volumes de prêmios *sextuplicaram*, para extraordinários US$ 366,2 milhões. Em 1989, haviam caído 73% para US$ 98,4 milhões, e demoraram *12 anos* para retornarem ao nível de US$ 100 milhões. Três anos depois, em 2004, a empresa pagou mais de US$ 600 milhões em prêmios. Durante esse período, a National Indemnity teve uma média de lucro anual de subscrição de 6,5% como porcentagem dos prêmios. No mesmo período, por outro lado, a seguradora típica de bens e responsabilidade civil teve um *prejuízo* médio de 7%.

Para uma seguradora independente de capital aberto, esse padrão serrilhado de receitas (ver a Figura 8-2) seria praticamente impossível de explicar a Wall Street. Como fazem parte de uma empresa diversificada muito maior, no entanto, as subsidiárias de seguros da Berkshire estão protegidas da fiscalização de Wall Street. Isso oferece uma vantagem competitiva crucial, permitindo que a National Indemnity e outras empresas de seguros da Berkshire se concentrem na lucratividade, não

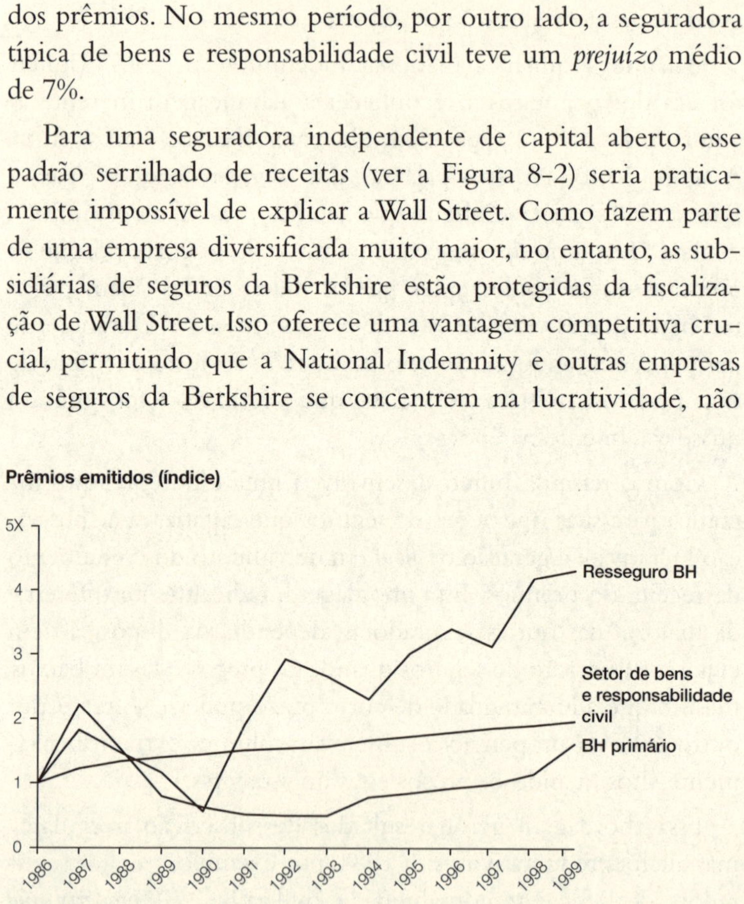

FIGURA 8-2

O crescimento dos prêmios da Berkshire Hathaway tem apresentado picos mais súbitos do que o da indústria em geral.

Fonte: Os dados dos prêmios do setor de bens e responsabilidade civil vêm da Best P&C Insurance Aggregates and Averages – total de prêmios emitidos. Os dados da Berkshire Hathaway vêm de relatórios anuais.

no crescimento dos prêmios. Como disse Buffett, "Charlie e eu sempre preferimos um retorno de 15% em boladas a um retorno constante de 12%".[3]

O *float* de todos os negócios de seguros da Berkshire cresceu enormemente nesse período, de US$ 237 milhões em 1970 para mais de US$ 70 *bilhões* em 2011. Essa fonte de recursos de baixo custo tem sido o combustível de foguete que impulsionou os resultados fenomenais da Berkshire e, como veremos, esses períodos alternados de inatividade e ação decisiva refletem o padrão das atividades de investimento da Berkshire. Tanto em seguros quanto em investimentos, Buffett acredita que o segredo para o sucesso a longo prazo é o "temperamento", uma disposição para "ter medo quando os outros são gananciosos e para ter ganância quando estão com medo".[4]

A outra fonte importante de capital na Berkshire tem sido os lucros de empresas de propriedade integral. Esses ganhos se tornaram cada vez mais importantes nas últimas duas décadas, à medida que Buffett expandiu vigorosamente a carteira de negócios da Berkshire. Em 1990, os lucros antes de impostos de empresas operacionais de propriedade integral foram de US$ 102 milhões. Em 2000, foram de US$ 918 milhões, uma taxa de crescimento composta de 24,5%. Em 2011, alcançaram extraordinários US$ 6,9 *bilhões*.

. . .

Agora voltamos nossa atenção para a forma como Buffett utiliza o gêiser de capital fornecido pelas operações da Berkshire. Sempre que compra uma empresa, Buffett assume o controle imediato do fluxo de caixa, insistindo que o excesso seja enviado para Omaha para fins de alocação. Como ressalta Charlie Munger, "ao contrário das operações (que são bastante descentralizadas), a alocação de capital na Berkshire é altamente centralizada".[5] Essa mistura de firmeza e flexibilidade, de delegação e hierarquia, estava presente em todas as outras empresas *outsiders*, mas geralmente não no grau extremo da Berkshire.

Buffett, já um investidor extraordinariamente bem-sucedido, chegou à Berkshire com uma formação única para a alocação de capital. A experiência prévia da maioria dos CEOs os limita às oportunidades de investimento em seus próprios setores — eles são ouriços. Buffett, por outro lado, em virtude de sua experiência anterior com a avaliação de investimentos numa ampla variedade de valores mobiliários e setores econômicos, era uma raposa clássica e tinha a vantagem de escolher entre um menu muito mais amplo de opções de alocação, incluindo a compra de empresas de capital fechada e ações negociadas em bolsa. Em outras palavras, quanto mais opções de investimento um CEO tiver, maior a probabilidade dele tomar decisões de alto retorno, e esse paladar mais diversificado levou a uma vantagem competitiva significativa para a Berkshire.

A abordagem de Buffett à alocação de capital era única: ele nunca distribuiu dividendos ou recomprou quantidades significativas de ações. Em vez disso, como as empresas da Berkshire normalmente exigiam pouco investimento de capital, ele se concentrou em investir em ações negociadas em bolsa e adquirir empresas de capital fechado, opções não disponíveis para a maioria dos CEOs, que não tinham sua ampla experiência em investimentos. Antes de analisarmos essas duas áreas, no entanto, vamos primeiro examinar uma decisão crítica inicial.

Depois de um breve flerte com a indústria têxtil, Buffett optou desde cedo por *não* fazer mais investimentos no negócio legado de forros de ternos de baixo retorno da Berkshire e colher todo o capital excedente para aplicá-lo em outros lugares. Em contraste, a Burlington Industries, a maior empresa da indústria têxtil na época e ainda hoje, escolheu um caminho diferente, e aplicou todo o capital disponível em seus negócios existentes entre 1965 e 1985. Durante esse período de 20 anos, as ações da Burlington se valorizaram a uma taxa anual de meros 0,6%; o retorno composto da Berkshire foi de sensacionais 27%. Esses resultados diferentes contam uma importante parábola sobre a alocação de capital: o valor de estar em negócios com retornos sobre capital atraentes e a importância correlata de *sair* de negócios de baixo retorno.

Foi uma decisão fundamental para a Berkshire e nos leva a uma observação mais geral. Uma parte crucial da alocação de capital, que recebe menos atenção do que atividades mais glamorosas, como as aquisições, é decidir quais empresas não merecem mais investimentos futuros devido aos baixos retornos. Os CEOs *outsiders* quase sempre eram implacáveis na hora de fechar ou vender negócios com perspectivas futuras precárias e concentrar seu capital em unidades de negócios cujos retornos atingiam suas metas internas. Como disse Buffett quando finalmente fechou o negócio têxtil da Berkshire em 1985: "Se você descobrir que está em um barco com vazamento crônico, é provável que a energia dedicada à troca de embarcações seja mais produtiva do que a energia dedicada a tapar os vazamentos".[6]

. . .

Buffett ainda é mais famoso por investir na bolsa, que foi o principal canal do capital da Berkshire durante seus primeiros 25 anos como CEO. Os retornos de Buffett no mercado aberto estão à altura de Babe Ruth, seja qual for a métrica utilizada, e há várias maneiras diferentes de analisá-los. Como vimos, os retornos médios da Buffett Partnership entre 1957 e 1969 foram de *30,4%* e, de acordo com um estudo da revista *Money Week*, os retornos dos investimentos da Berkshire entre 1985 e 2005 foram de extraordinários *25%*.[7]

Devido à sua importância para os retornos gerais da Berkshire e à oportunidade que nos oferece para observar a filosofia mais geral de alocação de capital de Buffett, vale a pena examinar de perto uma faceta específica da abordagem de Buffett ao investimento no mercado aberto: gestão de carteira. A *gestão de carteira* — quantas ações um investidor possui e por quanto tempo as detém — tem um impacto enorme nos retornos. Dois investidores com a mesma filosofia de investimento, mas com abordagens diferentes à gestão de carteira, produzirão resultados drasticamente diferentes. A abordagem de Buffett à gestão dos investimentos em ações da Berkshire foi diferenciada por duas características principais: um alto grau de concentração e períodos de investimento extremamente longos. Em todas essas áreas, seu pensamento não é nada convencional.

Buffett acredita que carteiras concentradas produzem retornos excepcionais e que ideias de investimento excelentes são raras. Diversas vezes ele afirmou a estudantes que seus resultados de investimento melhorariam se, no início de suas carreiras, recebessem uma cartela perfurada de 20 furos para representar o número total de investimentos que poderiam fazer em suas carreiras de investidores. Como resumiu no relatório anual de 1993: "Acreditamos que uma política de concentração de carteira pode muito bem diminuir o risco se aumentar, como deveria, tanto a intensidade com a qual um investidor pensa sobre um negócio quanto o nível de conforto que deve sentir com suas características econômicas antes de adquirir uma participação".[8]

O padrão de investimento de Buffett na Berkshire tem sido semelhante ao padrão de subscrição em suas subsidiárias de seguros, com longos períodos de inatividade intercalados com grandes investimentos ocasionais. As cinco maiores posições na carteira da Berkshire normalmente representam incríveis 60 a 80% do valor total, em comparação com 10 a 20% da carteira dos fundos mútuos de investimento típicos. Em pelo menos quatro ocasiões, Buffett investiu mais de 15% do valor contábil da Berkshire em uma única ação, e já teve *40%* da Buffett Partnership investida na American Express.

A outra característica que diferencia a abordagem de Buffett à gestão de carteira são os períodos de investimento extraordinariamente longos. Ele mantém suas cinco principais posições acionárias atuais (com exceção da IBM, que foi comprada em 2011) há *mais* de 20 anos, em média. Um fundo mútuo típico, em comparação, tem um período médio de menos de um ano. Isso se traduz em um nível excepcionalmente baixo de atividade de investimento, caracterizado por Buffett como "inatividade à beira da preguiça".

Esses dois princípios de gestão de carteira se combinam para formar um filtro poderoso e altamente seletivo, pelo qual poucas empresas passam.

Curiosamente, apesar de sua defesa histórica da recompra de ações, Buffett (com exceção de algumas pequenas recompras iniciais) é o único CEO deste livro que não recomprou quantidades significativas das ações de sua empresa. Apesar de admirar e incentivar as recompras de outros CEOs, Buffett acreditava que as recompras iam de encontro à cultura de parceria diferenciada da Berkshire e tinham o potencial de prejudicar os laços de confiança construídos ao longo de muitos anos com base em comunicações honestas e diretas e retornos excepcionais.

Dito isso, Buffett é acima de tudo um oportunista. Nas raras ocasiões (duas, na verdade) em que as ações da Berkshire foram negociadas por longos períodos a avaliações bem abaixo do seu valor intrínseco, Buffett rompeu com a tradição e explorou uma recompra — como fez no início de 2001, quando as ações caíram vertiginosamente durante a bolha da internet, e mais recentemente em setembro de 2011, quando anunciou que recompraria quantidades significativas de ações a preços abaixo de 1,1 vez o valor contábil. Em ambos os casos, as ações subiram rapidamente, o que impediu a Berkshire de comprar um número significativo de ações.

. . .

O outro grande destino para o capital da Berkshire tem sido a compra de empresas de capital fechado. Discretamente, esse canal se tornou o principal de Buffett nos últimos 20 anos, culminando na aquisição gigantesca da Burlington Northern no início de 2010. Sua abordagem para essas aquisições é única e original, e a Tabela 8-2 a compara com a das empresas de *private equity* convencionais.

Buffett criou uma opção atraente e altamente diferenciada para vendedores de grandes empresas de capital fechado, que fica em algum lugar entre uma oferta pública inicial e uma venda de capital privado. A venda para a Berkshire é única por permitir que o proprietário/operador obtenha liquidez ao mesmo tempo que continua a administrar a empresa sem interferência externa ou fiscalização de Wall Street. Buffett oferece um ambiente totalmente livre da burocracia corporativa, com acesso ilimitado ao capital para projetos que valem a pena. Este pacote é altamente diferenciado da alternativa de *private equity*, que promete um alto nível de envolvimento dos investidores e um período de investimento típico de cinco anos antes do próximo evento de saída.

TABELA 8-2
A abordagem de Buffett para aquisições de empresas de capital fechado *versus* a das empresas de *private equity*

	Buffett	Empresas de PE
Período de investimento	"Para sempre"	~ 5 anos
Gestão	CEO existente	Novo CEO (em geral)
Alavancagem	Nenhuma	Muita
Fonte do negócio	Direta	Leilão
Interação pós-aquisição com a gerência	Infrequente	Frequente
Corte de custos	Nunca	Normalmente
Due diligence	Superficial	Detalhada
Uso de consultores externos	Nunca	Sempre
Sistema de remuneração	Simples	Complexo

Buffett nunca participa de leilões. Como David Sokol, o (hoje ex-) CEO da MidAmerican Energy e da NetJets, me disse: "Simplesmente não nos deixamos levar pela empolgação dos lances".[9] Em vez disso, surpreendentemente, Buffett criou um sistema no qual os proprietários das principais empresas de capital fechado *ligam para ele*. Ele evita negociar a avaliação, e prefere pedir aos vendedores interessados que entrem em contato com ele e digam o seu preço. Ele promete dar uma resposta "geralmente em cinco minutos ou menos".[10] Esse requisito força os vendedores em potencial a passarem rapidamente para o menor preço aceitável e garante que seu tempo seja usado com eficiência.

Buffett não dedica muito tempo à *due diligence* tradicional e fecha transações com uma velocidade extraordinária, geralmente alguns dias após o primeiro contato. Ele nunca visita instalações operacionais e raramente se reúne com a gerência antes de decidir sobre uma aquisição. "A Capital Cities foi um dos maiores investimentos que a Berkshire já fez [...]. Foram necessários apenas 15 minutos para discutir a transação e chegar a um acordo sobre os termos", Tom Murphy me contou.[11]

No entanto, Buffett, o mestre da delegação, jamais delegou decisões sobre alocação de capital. Não há equipe de desenvolvimento de negócios ou comitê de investimentos na Berkshire, e Buffett nunca busca conselhos de banqueiros de investimento, contadores ou advogados (com exceção de Munger). Ele faz seu próprio trabalho analítico e lida com todas as negociações pessoalmente. Buffett nunca analisa as projeções fornecidas por intermediários, preferindo se concentrar nas demonstrações financeiras históricas e fazer suas próprias projeções. Ele consegue agir com rapidez porque só compra empresas em setores que conhece bem, o que permite que se concentre rapidamente nas principais métricas operacionais. Como disse Charlie Munger sobre a abordagem da Berkshire às aquisições, "não tentamos fazer aquisições, esperamos por decisões óbvias".[12]

Dois padrões interessantes

Para os interessados em se aprofundar nos investimentos de Buffett na bolsa de valores, dois outros padrões são dignos de nota.

O primeiro é uma atitude contestadora profundamente enraizada. Buffett cita frequentemente a analogia do "Sr. Mercado" de Benjamin Graham, na qual "um sujeito prestativo chamado 'Sr. Mercado' aparece todos os dias para comprar de você ou vender para você [...] quanto mais maníaco-depressivo for esse sujeito, maiores serão as oportunidades disponíveis para o investidor".[a] Buffett compra sistematicamente quando o Sr. Mercado de Graham está deprimido. A maioria dos principais investimentos da Berkshire no mercado aberto se originou em algum tipo de crise setorial ou empresarial que obscurecia o valor de um sólido negócio subjacente forte.

A tabela a seguir demonstra esse padrão.

Empresa	Data do primeiro investimento	Contexto contestador
American Express	1964	Escândalo do óleo vegetal
Washington Post	1973	Questionamento da licença de radiodifusão governamental
GEICO	1976	Possível insolvência
Wells Fargo	1989	Crise imobiliária e recessão no sul da Califórnia
Freddie Mac	1989	Recessão, crise das associações de poupança e empréstimo
General Dynamics	1992	Queda da indústria de defesa pós-Guerra Fria
GEICO	1976	Foco no negócio principal de seguros, novo CEO, participação anterior
General Foods	1979	Foco nas marcas principais, novo CEO, recompras
Coca-Cola	1988	Desinvestimento de negócios não essenciais, recompras e CEO relativamente novo
General Dynamics	1992	Desinvestimentos, recompras, novo CEO
American Express	1994	Desinvestimento da Lehman, novo CEO, participação anterior

O segundo padrão é cronometrar os investimentos para coincidir com mudanças significativas na gestão ou na estratégia. Buffett usa a analogia de um torneio de golfe que mescla profissionais e amadores para descrever essas oportunidades de investimento, que surgem quando uma empresa com um excelente negócio de "franquia" investe em outros negócios com retornos mais baixos: "Mesmo que todos os amadores sejam patetas incorrigíveis, a melhor pontuação da equipe será respeitável por causa das habilidades dominantes do profissional".[b] Quando, no entanto, Buffett vê que uma nova equipe de gestão está tirando os amadores do quarteto e voltando o foco para os negócios principais da empresa, ele presta muita atenção, como demonstra a tabela acima.

a. Relatórios anuais da Berkshire Hathaway, 1977–2011.

b. Relatórios anuais da Berkshire Hathaway, 1989.

. . .

Buffett, além de ser o maior investidor de sua geração, demonstrou ser um administrador extremamente eficaz da carteira crescente e poliglota de negócios operacionais da Berkshire. Nos últimos dez anos, a Berkshire aumentou significativamente o lucro por ação e, apesar de seu tamanho e diversidade, a empresa opera com eficiência extraordinária, sendo presença consistente nos 25% superiores da *Fortune* 500 em termos de retorno sobre ativos tangíveis.

Então, como Buffett alcança esses resultados operacionais? Sob seu exterior simpático e paternal, Buffett é um CEO profundamente não convencional. Talvez a melhor maneira de enxergar esse aspecto seja comparar sua abordagem com a de

Jack Welch (ver Tabela 8-3), que prosperou na GE com um sistema que enfatizava iniciativas estratégicas centralizadas (Six Sigma e assim por diante), CEOs rotativos e um ritmo frenético de viagens e reuniões. Seria difícil imaginar um contraste mais drástico nos estilos de gestão (embora Buffett tenha profunda admiração pelas habilidades de Welch).

Buffett assumiu o cargo de CEO sem *nenhuma* experiência operacional relevante e estruturou conscientemente a Berkshire para permitir que concentrasse seu tempo na alocação de capital e gastasse o mínimo de tempo possível na gestão das operações, onde achava que agregaria pouco valor. O resultado é que a pedra de toque do sistema Berkshire é a descentralização extrema. Se a Teledyne, a Capital Cities e as outras empresas deste livro tinham estilos e filosofias de gestão des-

TABELA 8-3
Comparação entre as abordagens de gestão de Welch e Buffett

	Welch	Buffett
Padrão de lucros	Constante	Em boladas
Funcionários	400.000	270.000
Equipe da sede	Milhares	23
Viagem	Muita	Pouca
Atividade primária	Reuniões	Leitura
Tempo para relações com investidores	Muita	Nenhuma
Tom do dia de trabalho	Frenético/ocupado	Silencioso/não programado
Mudança de gerentes	Muita	Quase nunca
Reuniões externas	Frequentemente	Nunca
Planejamento estratégico	Regularmente	Nunca
Desdobramentos de ações	Sim	Não

centralizados, a da Berkshire, em comparação, é absolutamente anárquica.

Numa empresa com mais de 270 mil funcionários, há apenas 23 na sede corporativa em Omaha. *Não há* reuniões periódicas para tratar dos orçamentos das empresas da Berkshire. Os CEOs que administram as subsidiárias da Berkshire simplesmente nunca têm notícias de Buffett, a menos que peçam conselhos ou busquem capital para seus negócios. Ele resume essa abordagem de gestão como "contrate bem, gerencie pouco" e acredita que essa forma extrema de descentralização aumenta a eficiência geral da organização ao reduzir as despesas gerais e liberar a energia empreendedora.[13]

. . .

Em seu relatório anual da Berkshire de 1986, Buffett (como vimos na introdução) descreveu a descoberta do surpreendentemente poderoso *imperativo institucional*, que levava os gerentes a imitar seus colegas sem pensar no que faziam. Ciente da citação de Churchill (que repete com frequência), ele estruturou intencionalmente sua empresa e sua vida para evitar os efeitos desse imperativo. Buffett despende seu tempo de forma diferente de outros CEOs da *Fortune* 500. Sua agenda é organizada para evitar distrações desnecessárias e preservar o tempo *ininterrupto* para ler (cinco jornais diários e inúmeros relatórios anuais) e pensar. Ele se orgulha de manter um calendário em branco, desprovido de reuniões regulares. Não possui um computador no escritório e nunca teve um *ticker* de ações.

A abordagem de Buffett às relações com investidores também é única e original. Buffett estima que o CEO médio passa 20% de seu tempo se comunicando com Wall Street. Ele, por outro lado, não passa tempo algum com analistas, nunca participa de conferências de investimento e jamais forneceu projeções de lucros trimestrais. Buffett prefere se comunicar com seus investidores por meio de relatórios e reuniões anuais detalhados, o que destoa das outras empresas.

Impresso em papel não revestido comum, com uma capa simples e monocromática, o relatório anual da Berkshire *parece* diferente de outros relatórios anuais. O núcleo do relatório é um longo ensaio escrito por Buffett (com assistência editorial de Carol Loomis) que apresenta uma análise detalhada dos diversos negócios da empresa no ano anterior. O estilo é direto e informal, e os relatórios são modelos de concisão e clareza, com informações detalhadas para cada divisão operacional e um "manual do proprietário" que descreve claramente a filosofia operacional diferenciada de Buffett e Munger.

As reuniões anuais da empresa também são singulares. A parte administrativa da reunião dificilmente leva mais do que 15 minutos, após os quais Buffett e Munger respondem às perguntas dos acionistas por até cinco horas. As reuniões atraem multidões enormes (mais de 35 mil pessoas participaram da reunião de 2011), e Buffett começou a chamá-las de "Woodstock do capitalismo".[14] Os relatórios e reuniões anuais reforçam uma cultura poderosa que valoriza a frugalidade, o pensamento independente e a administração de longo prazo. (E também o senso de humor leve e caprichoso — quando Buffett tomou uma decisão pouco característica no início dos anos 1990 e comprou um avião corporativo, ele o batizou de "O Indefensável" e o divulgou no relatório anual em letras ridiculamente pequenas.)

Outra prática não convencional em relação aos acionistas está relacionada ao desdobramento de ações. Buffett é famoso por evitar o desdobramento das ações tipo A da Berkshire, que atualmente são negociadas a mais de US$ 120 mil, mais de 50 vezes o preço da segunda ação mais cara na Bolsa de Valores de Nova York (NYSE). Ele acredita que os desdobramentos são puramente cosméticos e compara o processo a dividir uma pizza em oito fatias em vez de quatro, sem alteração nas calorias ou no valor dos ativos. Evitar desdobramentos é mais um filtro, e ajuda a Berkshire no processo de autosseleção de proprietários de longo prazo. Em 1996, ele concordou relutantemente em criar uma classe de ações tipo B com preços mais baixos, negociadas a um trigésimo das ações tipo A e que se tornaram a segunda emissão com maior preço na NYSE. (Como parte da transação da Burlington Northern no início de 2010, Buffett concordou em desdobrar as ações tipo B em mais 50:1 para acomodar os investidores menores da ferrovia.)

. . .

A soma total disso tudo é algo muito mais poderoso do que uma estratégia de negócios ou de investimento. Buffett desenvolveu uma *visão de mundo* que, em sua essência, enfatiza o desenvolvimento de relacionamentos de longo prazo com pessoas e empresas excelentes e evita a rotatividade desnecessária, que pode interromper a poderosa cadeia de juros compostos que é a essência da criação de valor a longo prazo.

Na verdade, talvez a melhor maneira de entender Buffett seja como um gestor/investidor/filósofo cujo objetivo principal é a redução da rotatividade. Todas as políticas iconoclastas da Berkshire compartilham do objetivo de selecionar as melhores pessoas e empresas e reduzir os custos financeiros e humanos significativos da rotatividade, seja ela de gestores, investidores ou acionistas. Para Buffett e Munger, existe uma lógica convincente, quase zen, em escolher se associar aos melhores e evitar mudanças desnecessárias. Não é apenas um caminho para retornos econômicos excepcionais; é uma maneira mais equilibrada de levar a vida. E entre as muitas lições que eles têm a ensinar, o poder desses relacionamentos de longo prazo pode ser a mais importante.

Buffett e Lei Sarbanes-Oxley

A abordagem de Buffett à governança corporativa também foge ao convencional, contradizendo muitos dos ditames da legislação Sarbanes-Oxley. Buffett acredita que os melhores conselhos de administração são compostos por grupos relativamente pequenos (a Berkshire tem 12 diretores) de empresários experientes com grandes participações acionárias. (Ele exige que todos os diretores tenham um capital pessoal significativo investido nas ações da Berkshire.) Buffett acredita que os diretores devem estar expostos às consequências das más decisões (a Berkshire não tem seguro para seus diretores) e não devem depender da renda dos honorários do conselho, que são mínimos na Berkshire.

Essa abordagem, que o deixa com um pequeno grupo de "*insiders*", de acordo com os padrões Sarbanes-Oxley, oferece um forte contraste com a maioria dos conselhos das empresas de capital aberto, cujos membros raramente têm capital pessoal significativo investido junto com acionistas, cujas perdas em potencial são limitadas pelo seguro e cujos honorários em geral representam uma alta porcentagem de sua renda total. Qual abordagem leva a um melhor alinhamento com os acionistas?

9

Racionalidade radical

A mentalidade do outsider

> Você está certo não porque os outros concordam com você, mas porque seus fatos e raciocínios são sólidos.
>
> —*Benjamin Graham*

> O que torna alguém um líder é justamente sua capacidade de pensar por si mesmo antes de agir.
>
> — *William Deresiewicz, discurso para a turma de cadetes de primeiro ano da academia militar de West Point, outubro de 2009*

Ao darmos um passo para trás e colocarmos as coisas em perspectiva, vemos na Figura 9-1 o valor de um dólar investido com CEOs *outsiders* em comparação com seus pares, com o mercado em geral e com Jack Welch.

Muito impressionante: os números falam por si e resumem bem as conquistas desses executivos extraordinários. Esses históricos fenomenais, no entanto, ocorreram quase todos no final do século passado. Portanto, a questão é: as experiências e lições desses CEOs ainda são relevantes para gestores e investidores que operam no ambiente competitivo e em mudança constante dos dias de hoje? A resposta é confirmada nos exemplos de duas

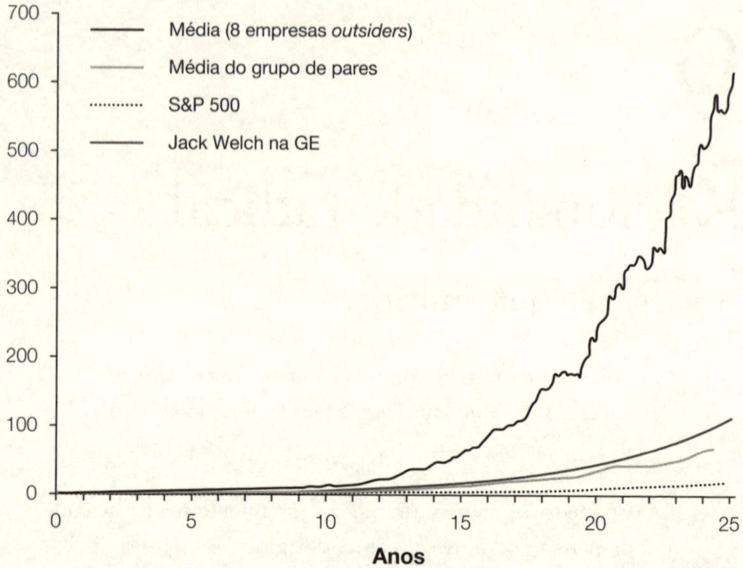

FIGURA 9-1
Valor de US$ 1.

empresas mais recentes: uma pequena (Pre-Paid Legal) e uma grande (ExxonMobil).

A Pre-Paid Legal Services era até recentemente uma empresa de capital aberto que vendia planos jurídicos para pessoas físicas e jurídicas. Esses planos são, na verdade, produtos de seguros: em troca de uma anuidade, os clientes estão protegidos de despesas que podem decorrer de diversas atividades jurídicas possíveis, incluindo litígios, imóveis, fundos fiduciários e testamentos. Esses planos foram inventados na década de 1970, e a Pre-Paid Legal cresceu rapidamente ao longo dos anos 1980 e 1990. O interessante sobre a empresa é que, após esse forte crescimento inicial, suas receitas ficaram praticamente estagnadas nos últimos dez anos.

Esse padrão de crescimento acelerado seguido por um achatamento repentino e prolongado nos resultados é, historicamente, uma receita para retornos horríveis no mercado de ações. No mesmo período, no entanto, as ações da Pre-Paid se valorizaram *quatro vezes*, superando radicalmente o mercado e seus pares do setor. Como a empresa conseguiu esses resultados? A partir do final de 1999, seu CEO, Harland Stonecipher, percebeu que o mercado estava amadurecendo e que investimentos adicionais em crescimento dificilmente teriam retornos atraentes. A pedido de seu conselho (que, o que é incomum para uma empresa de capital aberto, incluía vários grandes investidores), ele iniciou um programa sistemático e vigoroso de otimização do fluxo de caixa livre e devolução sistemática de capital aos acionistas por meio de um programa enérgico de recompra de ações. Nos 12 anos seguintes, Stonecipher comprou mais de 50% das ações em circulação e foi aplaudido continuamente pelos seus acionistas e pelo mercado de ações; em junho de 2011, ele concordou em vender a empresa para uma empresa de *private equity* com um ágio significativo.

Como a Pre-Paid Legal é uma empresa menor e de capital fechado, é importante procurar outro exemplo entre empresas maiores. Uma grande empresa — *realmente* grande — é a ExxonMobil, a maior empresa do mundo em capitalização de mercado. Desde 1977, a Exxon (e mais tarde a ExxonMobil) gerou um retorno composto fenomenal de *15%* para seus investidores, superando tanto o mercado quanto seus pares, um recorde absolutamente sensacional quando levamos seu tamanho em conta. Quando observamos como seus gestores alcançaram esses resultados, as semelhanças com os CEOs *outsiders* são impressionantes. Algumas lições se destacam.

Sempre faça as contas

A primeira pergunta dos CEOs *outsiders* era sempre qual era o retorno. Todo projeto de investimento gera um retorno, e a matemática, na verdade, não passa de aritmética de quinta série, mas esses CEOs a aplicavam de forma consistente, usavam suposições conservadoras e só avançavam com projetos que ofereciam retornos atraentes. Eles se concentravam nas premissas mais importantes, não acreditavam em planilhas excessivamente detalhadas e realizavam a análise por conta própria, sem recorrer a subordinados ou assessores. Os CEOs *outsiders* acreditavam que o valor das projeções financeiras era determinado pela qualidade das premissas, *não* pelo número de páginas da apresentação, e muitos desenvolveram modelos analíticos sucintos, de uma única página, que faziam os funcionários focar nas variáveis-chave.

Em seu excelente livro *Rápido e devagar: duas formas de pensar*, Daniel Kahneman apresenta um modelo para a tomada de decisão humana que evoluiu a partir de 30 anos de pesquisas que lhe valeram o Prêmio Nobel.[1] O paradigma de Kahneman apresenta dois sistemas distintos. O sistema 1 é o modo de reconhecimento de padrões puramente instintivo, que se ativa no ato frente a uma situação qualquer, e chega a decisões ultrarrápidas usando regras práticas. O sistema 2 é a trilha mais lenta e reflexiva, que emprega análises mais complexas. O sistema 2 pode se sobrepor ao sistema 1. O problema é que ativar o sistema 2 exige mais tempo e esforço e, por esse motivo, ele é subutilizado em muitos de nós.

De acordo com Kahneman, o segredo para usar o sistema 2 geralmente é um catalisador ou um gatilho, e para os CEOs *outsiders*, essas análises de uma página, de uma simplicidade enganosa, muitas vezes cumpriam essa função. Elas garantiam o foco nos dados empíricos e os impediam de seguir a manada cegamente. Como tal, eram vacinas contra a sabedoria convencional, e se disseminaram amplamente pelas empresas dos *outsiders*. Como George Roberts, diretor de operações de Henry Singleton na Teledyne, disse à revista *Forbes:* "A disciplina de capital está tão arraigada em nossos gestores que poucas propostas de baixo retorno chegam a nos ser apresentadas".[2]

Sob a liderança do CEO Rex Tillerson e de seu antecessor, o ranzinza Lee Raymond, a ExxonMobil demonstrou uma disciplina semelhante, com a exigência de um retorno mínimo de 20% para todos os projetos de capital. Durante a crise financeira recente, com a queda dos preços da energia, Tillerson e sua equipe foram criticados pelos analistas de Wall Street por reduzirem os níveis de produção. Eles simplesmente se recusaram, no entanto, a bombear petróleo adicional de projetos com retornos insuficientes, mesmo que isso significasse lucros menores a curto prazo.

O denominador importa

Esses CEOs compartilhavam um foco intenso em maximizar o *valor por ação*. Para isso, eles não se concentravam simplesmente no numerador, no valor total da empresa, que pode ser aumentado de inúmeras maneiras, incluindo pagar caro demais por aquisições ou financiar projetos de capital interno que não fazem sentido econômico. Eles também se concentravam intensamente em gerenciar o denominador por meio do financiamento cuidadoso de projetos de investimento e recompras oportunistas de ações. Essas recompras não eram realizadas para turbinar os preços das ações ou compensar as concessões de opções (duas razões populares para recompras nos dias de hoje), e sim porque ofereciam retornos atraentes como investimentos em si mesmos.

A ExxonMobil tem sido a única entre as grandes empresas de energia a praticar recompras agressivas de suas próprias ações, tendo adquirido mais de 25% das ações em circulação nos últimos cinco anos. Em meio ao colapso pós-Lehman, a empresa na verdade acelerou suas recompras.

Uma independência combativa

Os CEOs *outsiders* eram mestres da delegação, dirigindo organizações altamente descentralizadas e atribuindo responsabilidade sobre decisões operacionais aos níveis mais baixos e mais locais de suas organizações. No entanto, eles não delegavam decisões sobre alocação de capital. Como Charlie Munger me descreveu, suas empresas eram "uma mistura esquisita de operações descentralizadas e alocação de capital altamente centralizada", e essa mistura de firmeza e flexibilidade, de delegação e hierarquia, demonstrou ser um antídoto poderosíssimo contra o imperativo institucional.[3]

Além de pensar de forma independente, eles se sentiam à vontade para agir com um mínimo de participação e influência de assessores externos. Havia um quê do filme *Matar ou morrer* quando John Malone aparecia sozinho para enfrentar uma falange de funcionários de desenvolvimento corporativo, advogados e contadores da AT&T, assim como quando Bill Stiritz aparecia sozinho com um bloco de papel amarelo e nada mais, para a *due diligence* de uma possível transação multibilionária; ou quando Warren Buffett decidia sobre uma possível aquisição da Berkshire em um único dia, sem jamais visitar a empresa.

O carisma é superestimado

Os CEOs *outsiders* também se distinguiam por não se dedicarem à promoção e por despenderem consideravelmente menos tempo em relações com investidores do que seus colegas. Não ofereciam projeções de lucros nem participavam de conferências em Wall Street. Como grupo, não eram extrovertidos ou ultracarismáticos. Nesse sentido, tinham a qualidade de humildade que Jim Collins enfatizou em seu excelente *Empresas feitas para vencer.* Eles não buscavam (nem costumavam atrair) os holofotes. Seus retornos, no entanto, mais do que compensavam essa introversão.

Tillerson participa de todas as principais decisões de alocação de capital na ExxonMobil. Ele raramente participa de teleconferências de resultados, não comparece a conferências e é famoso na comunidade de analistas de Wall Street por seu estilo de comunicação lacônico.

Um temperamento de crocodilo que mistura paciência...

Munidos de seus cálculos de retornos, todos (com a importante exceção de John Malone, que comprava empresas de TV a cabo constantemente em busca de escala) estavam dispostos a esperar longos períodos de tempo (no caso de Dick Smith na General Cinema, uma década inteira) até que surgisse a oportunidade certa. Assim como Katharine Graham, muitos criaram um enorme valor para os acionistas simplesmente porque evitaram aquisições "estratégicas" superfaturadas e ficaram apenas assistindo durante frenesis de aquisições no mercado.

Até recentemente, a ExxonMobil não fechava uma compra significativa havia mais de dez anos.

... com ações ousadas ocasionais

Curiosamente, como vimos, essa propensão ao empirismo e à análise não levava à timidez ou insegurança. Na verdade, muito pelo contrário: nas raras ocasiões em que encontravam projetos com retornos atraentes, sabiam agir com ousadia e uma rapidez espantosa. Todos fizeram pelo menos uma aquisição ou investimento equivalente a 25% ou mais do valor de mercado de sua empresa. Tom Murphy criou uma (ABC) maior do que o valor de toda a sua empresa. Em 1999 (época de preços mínimos históricos do petróleo), a Exxon comprou a rival Mobil Corporation em uma transação astronômica que totalizava mais de 50% do valor de mercado da empresa.

A aplicação consistente de uma abordagem racional e analítica a decisões de qualquer tamanho

Esses executivos eram cirurgiões de capital, e direcionavam consistentemente o capital disponível para os projetos mais eficientes e de maior retorno. Durante longos períodos, essa disciplina teve um impacto enorme no valor para os acionistas por meio do acúmulo constante de decisões que aumentavam o valor e (igualmente importante) evitavam destruí-lo. *Essa mentalidade pouco ortodoxa demonstrou por si só ser uma vantagem competitiva substancial e sustentável para suas empresas.* Ela oferecia o equivalente a lentes polarizadas, permitindo que os CEOs *outsiders* filtrassem o brilho das atividades dos seus pares e da sabedoria coletiva, enxergassem a realidade econômica fundamental e tomassem decisões de acordo.

Inúmeros exemplos espalhados por todo este livro mostram a nitidez e a eficiência produzidas por essa abordagem analítica pragmática. Esses CEOs sabiam exatamente o que estavam procurando, assim como seus funcionários. Eles não analisavam demais, não criavam modelos demais e não buscavam consultores externos ou banqueiros para confirmar seu raciocínio — eles davam o bote. Como disse Pat Mulcahy, braço direito de longa data de Bill Stiritz na Ralston Purina: "Sabíamos no que precisávamos nos concentrar. Simples assim".[4]

Em um artigo de 2009, a *Barron's* descreveu a cultura corporativa "diferenciada" da ExxonMobil com seu "foco implacável em retornos às custas do ego".[5] Não por acaso, essa cultura frugal produziu resultados excepcionais, e a ExxonMobil liderou consistentemente o setor de petróleo e gás natural em termos de retorno sobre o patrimônio líquido no último quarto de século.

Uma perspectiva a longo prazo

Embora frugais por natureza, os CEOs *outsiders* também estavam dispostos a investir em seus negócios para gerar valor a longo prazo. Para tanto, precisavam ignorar o carrossel dos lucros trimestrais e ignorar os analistas de Wall Street e a cacofonia dos programas de TV a cabo, como *Squawk Box* e *Mad Money*, com sua ênfase implacável no curtoprazismo. Quando Tom Murphy insistiu em um grande aumento nas despesas de capital para montar uma nova gráfica ou quando John Malone comprou decodificadores caros de última geração no final dos anos 1990, os dois estavam penalizando conscientemente os lucros de curto prazo para melhorar as experiências de seus clientes e defender posições competitivas de longo prazo.

Essa perspectiva a longo prazo muitas vezes leva a um comportamento anticonformista. Em contraste com sua decisão controversa de reduzir a produção, a ExxonMobil foi a única entre as grandes empresas de energia a se manter firme em sua decisão de gastar com exploração durante a crise financeira, com o objetivo de otimizar o valor a longo prazo. Quando outros grandes *players* se retiraram das areias betuminosas canadenses após a queda dos preços de energia no início de 2009, a ExxonMobil seguiu em frente com um projeto enorme de exploração em Alberta, embora isso penalizasse os lucros a curto prazo.

Uma previsão

Hoje, a combinação de níveis de caixa recordes e as baixas taxas de juros e índices P/L representam uma oportunidade histórica para alocação de capital vigorosa. Essa situação é especialmente pronunciada entre as maiores empresas *blue chip* do setor de tecnologia linha — empresas como Cisco, Microsoft e Dell — muitas das quais ainda são administradas por membros de suas equipes fundadoras, têm enormes saldos de caixa e são negociadas a múltiplos P/L abaixo de 10 pela primeira vez em suas histórias. Acho que é provável que uma dessas empresas reverta sua ênfase histórica no investimento em P&D e decida otimizar os retornos por meio de uma combinação de recompras ou dividendos drasticamente maiores. Se isso acontecesse, a resposta do mercado provavelmente seria arrebatadora, e é fácil imaginar Henry Singleton, se fosse CEO de uma dessas empresas, esfregando as mãos e gargalhando de alegria com as oportunidades.

. . .

Um contraste importante com as conquistas de Stonecipher e Tillerson vem da maior instituição financeira do país, o Citigroup, cujo CEO, Chuck Prince, no auge do tsunami hipotecário e de alavancagem de meados dos anos 2000, fez uma célebre declaração: "Enquanto a música estiver tocando, você tem que se levantar e dançar".[6] Prince se deixou hipnotizar pelo charme da sabedoria convencional, pelo imperativo institucional, e ele e seus acionistas dançaram até cair do penhasco quando as ações da empresa despencaram US$ 40, o valor mais alto em 2007, para menos de US$ 3 no início de 2009. Durante um período de péssimo desempenho do mercado e do setor, o desempenho de Prince conseguiu ficar abaixo do S&P e do de seus colegas.

O que separava esses CEOs (e o desempenho de suas empresas) eram duas mentalidades distintas. Os CEOs *outsiders*, como Stonecipher e Tillerson, tendiam a dançar quando todo mundo estava nas suas cadeiras e a ficar timidamente às margens quando a música não podia estar mais alta. Eles eram contestadores inteligentes, dispostos a se encostar na parede pelo resto da noite quando os retornos eram desinteressantes.

Em setores e condições de mercado muito variados, esse grupo gravitou de forma independente em torno de um conjunto incrivelmente parecido de princípios fundamentais. Em sua essência, Stonecipher, Tillerson e seus colegas CEOs *outsiders* alcançaram resultados relativos extraordinários porque consistentemente faziam zigue quando seus pares faziam zague; e, como mostra a Tabela 9-1, em seus zigues, seguiam trajetórias praticamente idênticas: *desprezavam dividendos, faziam aquisições disciplinadas (e às vezes grandes), usavam a alavancagem de maneira seletiva, recompravam muitas ações, minimizavam os impostos, admi-*

nistravam organizações descentralizadas e se concentravam no fluxo de caixa e não no lucro líquido declarado.

Mais uma vez, o que importa é como você joga a mão que recebe, e esses executivos receberam mãos muito diferentes. Suas circunstâncias variaram muito: às de Bill Anders após a queda do Muro de Berlim não poderiam ter sido mais diferentes das de John Malone quando assumiu a TCI em meio ao *boom* da TV a cabo no início dos anos 1970. O segredo é otimizar de acordo com as circunstâncias enfrentadas. Poderíamos fazer uma analogia com um treinador de futebol americano do ensino médio que todo ano precisa adaptar sua estratégia aos novos jogadores do time (ou seja, com um *quarterback* fraco, precisa de uma estratégica de corrida), ou com o diretor de uma companhia de teatro de repertório, que precisa escolher peças que se adaptem à combinação específica de talentos da sua trupe.

Não há uma fórmula rígida aqui, sequer regras rígidas — *nem sempre* faz sentido recomprar suas próprias ações, fazer aquisições ou ficar à margem da ação. A decisão de alocação de capital correta varia de acordo com a situação do momento. É por isso que Henry Singleton acreditava que a flexibilidade era tão essencial. Como grupo, esses CEOs enfrentavam a incerteza inerente ao mundo dos negócios com um oportunismo paciente, racional e pragmático, não com um conjunto detalhado de planos estratégicos.

Suas ações específicas eram o resultado de uma mentalidade mais ampla e compartilhada e representavam nada menos do que um novo modelo do que significa ser um CEO de sucesso, centrado na gestão otimizadora dos recursos da empresa. Embora os CEOs *outsiders* fossem um grupo extraordinariamente talentoso, sua vantagem em relação a seus pares era o *temperamento*, não o intelecto. Fundamentalmente, eles acreditavam que o que importava era tomar decisões com clareza e olhos abertos e,

TABELA 9-1
Uma visão de mundo compartilhada

	CEO de primeira viagem	Dividendos	Recompra de 30%+	Aquisições 25%+ da capitalização de mercado	Estrutura organizacional descentralizada	Projeções para Wall Street	Métrica idiossincrá-tica	Foco tributário
Henry Singleton	√	Não	√	√	√	Não	Retorno da Teledyne	Alto
Warren Buffett	√	Não	—	√	√	Não	Float	Médio/alto
Tom Murphy	√	Baixos	√	√	√	Não	Margens de fluxo de caixa	Médio/alto
John Malone	√	Não	√	√	√	Não	EBITDA	Alto
Dick Smith	√	Baixos	√	√	√	Não	Lucro operacional líquido	Alto
Bill Anders	√	Baixos/especiais	√	√	√	Não	ROI em caixa	Alto
Bill Stiritz	√	Baixos	√	√	√	Não	TIR	Alto
Katharine Graham	√	Baixos	√	√	√	Não	TIR em caixa	Médio/alto

em suas culturas, enfatizavam virtudes aparentemente antiquadas: frugalidade e paciência, independência e ousadia (ocasional), racionalidade e lógica.

Sua abordagem pouco ortodoxa demonstrou ser uma fonte robusta de vantagem competitiva em uma ampla variedade de setores e condições de mercado. Fundamentalmente, como demonstra a Tabela 9-2, esses executivos praticavam uma espécie de racionalidade radical. Eles tinham a perspectiva do dono ou do investidor de longo prazo, não do funcionário bem remunerado — uma mentalidade muito diferente da que observamos na maioria dos CEOs.

TABELA 9-2
Um perfil de iconoclastia

	CEOs *outsiders*	CEOs pares
Experiência	CEOs de primeira viagem com pouca experiência gerencial prévia	Gestores experientes com 10.000 horas de Gladwell
Atividade primária	Alocação de capital	Gestão de operações e comunicação externa
Objetivo	Otimize o valor por ação a longo prazo	Crescimento
Métricas principais	Margens, retornos, fluxo de caixa livre	Receitas, lucro líquido declarado
Qualidades pessoais	Analítico, frugal, independente	Carismático, extrovertido
Orientação	Longo prazo	Curto prazo
Animal peludo	Raposa	Ouriço

. . .

Então, voltemos à nossa questão: para quem as experiências e lições desses CEOs são relevantes? A resposta curta é praticamente *todo* gestor ou empresário. A boa notícia é que você não precisa ser um gênio técnico ou de marketing ou um visionário carismático para ser um CEO altamente eficaz. Você precisa, contudo, entender a alocação de capital e refletir com cuidado sobre a melhor forma de utilizar os recursos da sua empresa para criar valor para os acionistas. É preciso estar disposto a sempre perguntar qual é o retorno e dar prosseguimento apenas a projetos que ofereçam retornos atraentes com base em premissas conservadoras. E é preciso ter a confiança necessária para ocasionalmente agir de forma diferente de seus colegas. Gestores e empreendedores que seguem esses princípios, que se comprometem com a racionalidade e a pensar por si mesmos, podem aproveitar ao máximo as cartas que receberam e maravilhar seus acionistas.

Poslúdio: velhos cães, velhos truques

> Se és capaz de manter a tua calma quando / Todo o mundo ao teu redor já a perdeu...
>
> —*Rudyard Kipling, "Se"*

Como observou certa vez o químico ganhador do Prêmio Nobel em Química Louis Pasteur: "O acaso favorece [...] a mente preparada". E por falar em mentes preparadas, concluímos este livro com uma análise de como os dois CEOs *outsiders* restantes ainda em atividade, Warren Buffett e John Malone, enfrentaram o colapso financeiro ocorrido após a quebra da Lehman Brothers em setembro de 2008.

Como seria de esperar, ambos seguiram trajetórias radicalmente diferentes das de seus colegas. Numa época em que praticamente todo o mundo corporativo norte-americano se dava ao luxo de apenas assistir os acontecimentos, acumular caixa em seus cofres e cuidar dos seus balanços precários, esses dois leões anciãos estavam ativamente à espreita.

Buffett, após um longo hiato de relativa inatividade que remonta ao período pós-11 de setembro, teve um dos períodos mais ativos de sua longa carreira. Desde o quarto trimestre de 2008, ele investiu mais de *US$ 80 bilhões* (mais de US$ 15 bilhões nos primeiros *25 dias* após o colapso do Lehman) numa ampla variedade de atividades de investimento:

- Comprou US$ 8 bilhões em ações preferenciais conversíveis da Goldman Sachs e da General Electric
- Executou diversas compras de ações ordinárias (incluindo a Constellation Energy): US$ 9 bilhões
- Forneceu financiamento-mezanino (*mezzanine financing*) para a Mars/Wrigley (US$ 6,5 bilhões) e Dow Chemical (US$ 3 bilhões)
- Comprou vários títulos de dívida de empresas em falência no mercado aberto: US$ 8,9 bilhões
- Na maior transação de todos os tempos da Berkshire em valor monetário, comprou os 77,5% da Burlington Northern que ainda não possuía por US$ 26,5 bilhões
- Adquiriu a Lubrizol, uma empresa de capital aberto líder no setor de lubrificantes, por US$ 8,7 bilhões
- Anunciou um novo investimento considerável (US$ 10,9 bilhões) em ações da IBM

Durante o mesmo período, John Malone conduziu discretamente um amplo experimento de alocação proativa de capital entre entidades díspares que foram desmembradas do braço de programação original da TCI, a Liberty Media. Nas profundezas da crise financeira, Malone:

- Implementou uma estratégia de "crescimento alavancado de ações" na gigante de programação via satélite DirecTV, aumentando a dívida e recomprando ações vigorosamente (mais de 40% das ações em circulação nos últimos 24 meses).
- Iniciou uma série de decisões nas antigas entidades da Liberty, incluindo a cisão da programadora de TV a cabo Starz/Encore e uma troca de dívida por ações entre a Liberty Capital (proprietária da coleção poliglota de ativos públicos e privados de Malone) e a Liberty Interactive (lar do canal de compras QVC e de outras entidades *on-line*).
- Saiu do nada e adquiriu o controle da Sirius Broadcasting, o serviço de rádio via satélite, por meio da Liberty Capital, numa venda judicial (e extremamente atraente) no auge do mercado baixista do início de 2009. Ele também recomprou 11% das ações da Liberty Capital no segundo trimestre de 2010.
- Por meio de seu braço internacional de TV a cabo, a Liberty Global, anunciou a maior aquisição da história da empresa: a compra da empresa alemã de TV a cabo Unitymedia, por mais de €5 bilhões (menos de sete vezes o fluxo de caixa), bem como a venda de sua participação considerável na maior empresa de TV a cabo japonesa por mais de nove vezes o fluxo de caixa (com todos os rendimentos protegidos de impostos pela soma das enormes perdas operacionais líquidas da empresa). Ele também deu continuidade ao programa ativo de recompra de ações da Liberty Global (a empresa recomprou mais da *metade* de suas ações nos últimos cinco anos).

Ufa... então, enquanto o mundo corporativo norte-americano estava paralisado, esses dois CEOs astutos se envolveram numa orgia de "espíritos animais" keynesianos. Eles foram, para qualificar o ditado de Buffett, *muito* gananciosos numa época em que um medo sem precedentes estremecia seus colegas.

Epílogo

Um exemplo e uma checklist

Vamos concluir com um exemplo que mostra o funcionamento da abordagem de *outsider* em um ambiente diferente.

Imagine que você possua uma padaria sofisticada de sucesso, especializada em baguetes e doces folhados fresquinhos. O segredo do seu sucesso é um forno especial fabricado na Itália, e você enfrenta o problema de alta classe de não conseguir dar conta da demanda.

Você tem duas opções para fazer o negócio crescer: expandir para o espaço ao lado e comprar um segundo forno ou abrir uma nova loja numa parte diferente da cidade, o que também exigiria um segundo forno. Um concorrente seu em outra parte da cidade recentemente teve grande sucesso com a expansão de seu estabelecimento, e há poucos dias você leu sobre uma empresa de panificação de capital aberto que cresceu mediante a ampliação cuidadosa das filiais existentes. A sabedoria convencional diz que expandir sua loja é o caminho certo, mas você se senta e faz as contas.

Primeiramente, você calcula o custo inicial e as prováveis receitas e lucros de cada cenário, usando o que acredita serem pressuposições conservadoras. Em seguida, calcula o retorno de cada um, a começar pela opção de expansão.

Você decidiu sua taxa mínima de atratividade pessoal: só dará seguimento se o projeto puder produzir um retorno de pelo menos 20%. Você faz os seguintes cálculos: um forno novo custa $50 mil; a reforma do espaço adicional em seu prédio existente custaria $50 mil e provavelmente produziria lucros anuais incrementais de $20 mil após subtrairmos custos de mão de obra, de material e outros custos operacionais. Portanto, você tem $100 mil em custos iniciais (o forno mais a reforma) e um lucro anual esperado de $20 mil, o que significa um retorno esperado de 20%. É exatamente a sua taxa mínima de atratividade.

Em seguida, você volta sua atenção para a opção da nova loja. Os custos iniciais incluem um forno, ao custo de $50 mil, e $150 mil em despesas de construção. Os cenários da nova loja são mais difíceis de prever (ela ficaria em uma parte diferente da cidade e assim por diante), mas você avalia o lucro anual potencial em $50 mil a $75 mil. Assim, você calcula que gastaria $200 mil inicialmente e teria um retorno esperado de 25–37,5%. Esse retorno, mesmo na extremidade inferior do intervalo, é claramente superior à opção do espaço adjacente; mas antes de decidir qual caminho seguir, você se faz algumas perguntas qualitativas importantes:

- A nova loja fica numa parte diferente da cidade e há um risco maior de que as vendas sejam diferentes do que você prevê. Qual é o seu nível de conforto com as estimativas que fez?
- O maior retorno é suficiente para compensar essa incerteza adicional?
- A nova loja exige o dobro do investimento da opção de expansão. Você consegue levantar os $100 mil extras para a opção da nova loja (e, em caso afirmativo, a que custo)?

- Por outro lado, a nova loja oferece benefícios ocultos? Será que, por exemplo, ela diversificaria suas operações, de modo que, em caso de uma queda nas vendas da loja atual, você teria alguma proteção?
- A abertura de uma segunda loja lhe ajuda a aprender e desenvolve o potencial de construir uma empresa muito maior a longo prazo?

São questões e decisões de alocação de capital desse tipo que gestores e empreendedores precisam enfrentar todos os dias, seja qual for o tamanho da empresa (embora empresas maiores costumem contratar consultores e banqueiros de investimento para ajudá-los com as respostas), e o mesmo processo de pensamento metódico e analítico é essencial para a tomada de decisões eficazes tanto no caso do padeiro quanto do CEO da empresa *Fortune* 500.

Essa abordagem de *outsider*, seja ela numa empresa local ou no conselho de administração de uma grande empresa, não parece tão complicada; então por que mais pessoas não a seguem? A resposta é que é mais difícil do que parece. Não é fácil divergir de seus colegas e ignorar o imperativo institucional. Em muitos aspectos, o mundo dos negócios é como um refeitório de ensino médio, distorcido pela pressão dos colegas. Especialmente em tempos de crise, a reação natural e instintiva é praticar o que a psicologia comportamental chama de *prova social* e fazer a mesma coisa que seus colegas estão fazendo. No mundo atual de mídias sociais, mensagens instantâneas e programas de TV a cabo cacofônicos, é cada vez mais difícil filtrar o ruído, dar um passo atrás e ativar o sistema 2 de Kahneman, que é onde pode ser útil aplicar uma ferramenta que recebeu muito destaque na mídia ultimamente.

A *checklist* do *outsider*

As *checklists* são ferramentas de tomada de decisão comprovadas, extremamente eficazes em áreas muito diferentes entre si, como aviação, medicina e construção. Sua aparente simplicidade esconde seu poder, e graças ao excelente livro recente de Atul Gawande, *Checklist: como fazer as coisas bem-feitas*, o debate sobre o seu uso está em alta nos dias de hoje.[1] As *checklists* são uma forma particularmente eficaz de "arquitetura da escolha", que trabalha para promover a análise e a racionalidade e eliminar as distrações que muitas vezes confundem as decisões complexas. Elas são uma forma sistemática de engajar o sistema 2 e, para os CEOs, podem ser vacinas altamente eficazes para inoculá-los contra o senso comum e o imperativo institucional.

Gawande aconselha que essas listas tendem a funcionar melhor com dez itens ou menos, e concluiremos com uma *checklist* elaborada a partir das experiências desses CEOs *outsiders*, para ajudar na tomada de decisões eficazes sobre a alocação de recursos (e, com sorte, evitar decisões que destruam valor).

Então, lá vamos nós:

1. O processo de alocação deve ser liderado pelo CEO, não delegado à equipe financeira ou de desenvolvimento de negócios.
2. Primeiro, determine a *taxa mínima de atratividade* — o retorno mínimo aceitável para projetos de investimento (uma das decisões mais importantes para qualquer CEO).

   Comentário: as taxas mínimas de atratividade devem ser determinadas em relação ao conjunto de oportunidades disponíveis para a empresa e, em geral, devem exceder o custo combinado de capital próprio e de capital de dívida (normalmente em torno de 15% ou mais).

3. Calcule os retornos de todas as alternativas de investimento internas e externas e classifique-as por risco e retorno (os cálculos não precisam ser perfeitamente exatos). Use pressuposições conservadoras.

   Comentário: projetos com maiores níveis de risco (como aquisições) devem exigir retornos mais elevados. Tenha muito cuidado com o adjetivo *estratégico* — no mundo corporativo, quase sempre é código para *baixos retornos.*

4. Calcule o retorno das recompras de ações. Exija que os retornos das aquisições sejam significativamente superiores a esse nível de referência.

   Comentário: as recompras de ações foram uma fonte significativa de criação de valor para esses CEOs *outsiders*, mas não são uma panaceia. As recompras também podem destruir valor quando realizadas a preços exorbitantes.

5. Concentre-se nos resultados após os impostos e passe todas as transações por um advogado tributarista.
6. Determine níveis de caixa e de endividamento aceitáveis e conservadores e administre a empresa para permanecer dentro deles.
7. Considere um modelo organizacional descentralizado. (Qual é a proporção entre o número de pessoas na sede corporativa em relação ao total de funcionários? É maior ou menor do que nos seus pares?)
8. Mantenha o capital no negócio somente se tiver confiança de que é capaz de gerar retornos acima de sua taxa mínima de atratividade a longo prazo.
9. Se você não tiver possíveis projetos de investimento de alto retorno, cogite distribuir dividendos. Contudo,

é preciso estar ciente de que as decisões sobre dividendos podem ser difíceis de reverter e que eles podem ser ineficientes em termos fiscais.

10. Quando os preços estão extremamente altos, não há nada de errado em cogitar a venda de unidades ou de ações. Também não há problema em fechar unidades de negócios com baixo desempenho se não conseguem mais gerar retornos aceitáveis.

Quer você esteja olhando para trás ou para o futuro, a abordagem do *outsider* à alocação de recursos oferece um método comprovado para navegar as águas imprevisíveis e caóticas do mundo dos negócios, um método que gerou resultados excepcionais numa ampla variedade de setores e condições de mercado. A *checklist* acima é uma ferramenta que pode ajudar qualquer empresa, da padaria do bairro ao conglomerado multinacional, a adotar essa abordagem comprovada e aceitar a incerteza inerente ao mundo dos negócios de braços abertos… e com novos olhos.

Apêndice: O teste de Buffett

Warren Buffett propôs um teste simples de capacidade de alocação de capital: um CEO criou pelo menos um dólar de valor para cada dólar de lucros retidos ao longo de sua administração? A métrica de Buffett captura em um único número a sabedoria e a loucura coletivas das decisões tomadas ao longo de toda uma carreira. Infelizmente, é um teste mais difícil do que parece, e não surpreende que esses CEOs *outsiders* tenham passado com louvor, como demonstra a Tabela A-1.

TABELA A-1
CEOs *outsiders* e o teste de Buffett

	Berkshire Hathaway	General Cinema/ Harcourt General*	Teledyne	Capital Cities/ABC	Washington Post	TCI**	Ralston Purina	General Dynamics
Período-alvo								
Data de início	30 de junho de 1965	31 de janeiro de 1966	31 de maio de 1963	30 de setembro de 1966	30 de junho de 1971	31 de maio de 1973	31 de janeiro de 1980	31 de janeiro de 1980
Data de fim	30 de setembro de 2010	31 de julho de 2001	30 de junho de 1990	31 de dezembro de 1995	31 de dezembro de 1993	31 de março de 1999	31 de dezembro de 2001	31 de dezembro de 2007
Anos do teste de Buffett								
Início	1965	1962	1966	1966	1971	1973	1981	1990
Fim	2007	2000	1989	1994	1993	1997	2000	2007
"Índice de Buffett" acumulado	2,3 vezes	3,6 vezes	2,0 vezes	2,7 vezes	1,9 vez	n/d	2,4 vezes	3,5 vezes

* Os dados da General Cinema foram ajustados para as oscilações extremas associadas à aquisição da Harcourt General em 1991, o que os teria distorcido.
** Malone administrava a TCI de modo a minimizar intencionalmente o lucro divulgado; portanto, essa métrica não se aplica a ele.

Notas

Prefácio

1. Relatórios anuais da Berkshire Hathaway, 1987.
2. Ibid.
3. Warren E. Buffett, "The Superinvestors of Graham and Doddville", Revista *Hermes*, abril de 1984.

Introdução

1. Atul Gawande, "The Bell Curve", *The New Yorker*, 6 de dezembro de 2004. Veja também Richard Pascale, Jerry Sternin e Monique Sternin, *The Power of Positive Deviance: How Unlikely Innovators Solve the World's Toughest Problems* (Boston: Harvard Business Press, 2010).
2. Michael Lewis, *Moneyball: The Art of Winning an Unfair Game* (Nova York: W.W. Norton and Company, 2003).
3. Malcolm Gladwell, *Outliers: The Story of Success* (Nova York: Little, Brown and Co., 2008).
4. Robert J. Flaherty, "The Singular Henry Singleton", *Forbes*, 9 de julho de 1979.

Capítulo 1

1. Memorando de Charles T. Munger, 1º de janeiro de 1983.

2. A menos que informado do contrário, todas as citações de Tom Murphy foram extraídas de uma entrevista telefônica em 23 de março de 2005 e de uma entrevista presencial em 25 de julho de 2005.
3. "Tom Murphy's Pleasant Cash Problem," *Forbes,* 1° de outubro de 1976.
4. Entrevista do autor com Dan Burke, 1° de abril de 2005.
5. Entrevista do autor com Gordon Crawford, 20 de abril de 2005.
6. Entrevista do autor com Bob Zelnick, 23 de março de 2005.
7. Entrevista do autor com Dan Burke, 1° de abril de 2005.
8. Entrevista do autor com Phil Beuth, 28 de abril de 2005.
9. Entrevista do autor com Dan Burke, 1° de abril de 2005.
10. "Tom Murphy's Pleasant Cash Problem".
11. Entrevista do autor com David Wargo, 28 de abril de 2005.
12. Entrevista do autor com Gordon Crawford, 20 de abril de 2005.
13. Entrevista do autor com Phil Meek, 1° de abril de 2005.

Capítulo 2

1. Entrevista do autor com Jack Hamilton, 20 de abril de 2004.
2. Robert J. Flaherty, "The Sphinx Speaks", *Forbes,* 20 de fevereiro de 1978.
3. Entrevista do autor com Charles T. Munger, 10 de setembro de 2004.
4. Entrevista do autor com Arthur Rock, 15 de abril de 2004.
5. Entrevista do autor com Charles T. Munger, 10 de setembro de 2004.
6. Ibid.
7. Entrevista do autor com Fayez Sarofim, 2 de março de 2004.
8. Entrevista do autor com William Rutledge, 23 de fevereiro de 2004.
9. James P. Roscow, "The Many Lives of Teledyne", *Financial World,* 1° de novembro de 1978.
10. Robert J. Flaherty, "The Singular Henry Singleton", *Forbes,* 9 de julho de 1979.
11. Flaherty, "The Sphinx Speaks".

12. Entrevista do autor com Leon Cooperman, 20 de novembro de 2003.

Capítulo 3

1. Entrevista do autor com William Anders, 5 de abril de 2008.
2. A menos que informado do contrário, todas as citações de William Anders foram extraídas de entrevistas telefônicas nos dias 15 e 24 de abril de 2008.
3. Entrevista do autor com Ray Lewis, 20 de março de 2008.
4. Entrevista do autor com Peter Aseritis, 7 de março de 2008.
5. Entrevista do autor com James Mellor, 12 de março de 2008.
6. Entrevista do autor com Peter Aseritis, 7 de março de 2008.
7. Entrevista do autor com James Mellor, 12 de março de 2008.
8. Entrevista do autor com Nicholas Chabraja, 2 de abril de 2008.
9. Entrevista do autor com Ray Lewis, 20 de março de 2008.
10. Entrevista do autor com Nicholas Chabraja, 2 de abril de 2008.
11. Ibid.
12. Entrevista do autor com Ray Lewis, 20 de março de 2008.
13. Ibid.

Capítulo 4

1. A menos que informado do contrário, todas as citações de John Malone foram extraídas de uma entrevista presencial em 30 de abril de 2007.
2. Entrevista do autor com J.C. Sparkman, 30 de abril de 2007.
3. Relatório de analista da TCI de David Wargo, 1981.
4. Entrevista do autor com Dennis Leibowitz, 17 de abril de 2007.
5. Entrevista do autor com Rick Reiss, 26 de abril de 2007.
6. Entrevista do autor com David Wargo, 17 de abril de 2007.
7. Entrevista do autor com Rick Reiss, 26 de abril de 2007.
8. Relatório de analista da TCI de David Wargo, 1980.

9. Entrevista/relatório de analista de David Wargo.
10. Entrevista do autor com Dennis Leibowitz, 17 de abril de 2007.
11. Entrevista/relatório de analista da TCI de David Wargo, 1982.
12. Entrevista do autor com Dennis Leibowitz, 17 de abril de 2007.
13. Relatórios de analista da TCI de David Wargo, 1981, 1982.
14. Ibid.
15. Entrevista do autor com David Wargo, 17 de abril de 2007.

Capítulo 5

1. Entrevista do autor com Alan Spoon, 2 de abril de 2009.
2. Entrevista do autor com Tom Might, 30 de abril de 2009.
3. A menos que informado do contrário, todas as citações de Donald Graham foram extraídas de uma entrevista presencial em 3 de abril de 2009 no seu escritório.
4. Entrevista do autor com George Gillespie, 8 de abril de 2009.
5. Entrevista do autor com Ross Glotzbach, 30 de março de 2009.
6. Entrevista do autor com George Gillespie, 8 de abril de 2009.
7. Entrevista do autor com Alan Spoon, 2 de abril de 2009.
8. Entrevista do autor com Dick Simmons, 22 de abril de 2009.
9. Entrevista do autor com Ben Bradlee em seu escritório, 3 de abril de 2009.

Capítulo 6

1. Entrevista do autor com Michael Mauboussin, 25 de fevereiro de 2009.
2. Ibid.
3. Entrevista do autor com Pat Mulcahy, 23 de abril de 2009.
4. A menos que informado do contrário, todas as citações de William Stiritz foram extraídas de diversas entrevistas telefônicas nos meses de abril, maio e junho de 2009.

5. Entrevista do autor com Pat Mulcahy, 23 de abril de 2009.
6. Ibid.
7. Entrevista do autor com Michael Mauboussin, 24 de fevereiro de 2009.
8. Entrevista do autor com John McMillin, 2 de abril de 2009.
9. Entrevista do autor com John Bierbusse, 24 de fevereiro de 2009.

Capítulo 7

1. Entrevista do autor com Bob Beck, 26 de fevereiro de 2008.
2. Entrevista do autor com Woody Ives, 15 de dezembro de 2007.
3. Entrevista do autor com Caesar Sweitzer, 22 de abril de 2008.
4. Ibid.
5. Entrevista do autor com Woody Ives, 15 de dezembro de 2007.
6. Entrevista do autor com Bob Beck, 26 de março de 2008.
7. Entrevista do autor com David Wargo, 22 de abril de 2008.
8. A menos que informado do contrário, todas as citações de Dick Smith foram extraídas de uma entrevista presencial em 23 de abril de 2009 no seu escritório em Chestnut Hill, Massachusetts.
9. Entrevista do autor com Woody Ives, 15 de dezembro de 2007.
10. Ibid.
11. Entrevista do autor com Woody Ives, 15 de dezembro de 2007.

Capítulo 8

1. Entrevista do autor com Charles T. Munger, 24 de fevereiro de 2006.
2. Relatórios anuais da Berkshire Hathaway, 1977–2011.
3. Ibid.
4. A menos que informado do contrário, todas as citações foram extraídas de entrevistas com Warren E. Buffett em 24 de julho de 2006.
5. Entrevista do autor com Charles T. Munger, 24 de fevereiro de 2006.
6. Relatórios anuais da Berkshire Hathaway, 1977–2011.

7. "The World's Top Investing Stars", *Money Week,* 6 de julho de 2006.
8. Relatórios anuais da Berkshire Hathaway, 1977–2011.
9. Entrevista do autor com David Sokol, 15 de abril de 2006.
10. Relatórios anuais da Berkshire Hathaway, Owner's Manual.
11. Entrevista do autor com Tom Murphy, 9 de março de 2006.
12. Entrevista do autor com Charles T. Munger, 24 de fevereiro de 2006.
13. Relatórios anuais da Berkshire Hathaway, 1977–2011.
14. Relatórios anuais da Berkshire Hathaway, 1977–2011.

Capítulo 9

1. Daniel Kahneman, *Thinking, Fast and Slow* (Nova York: Farrar, Straus and Giroux, 2011).
2. Entrevista do autor com George Roberts, 8 de abril de 2004.
3. Entrevista do autor com Charles T. Munger, 10 de setembro de 2004.
4. Entrevista do autor com Pat Mulcahy, 23 de abril de 2009.
5. Andrew Barry, "What a Gusher", *Barron's,* 16 de novembro de 2009.
6. Michiyo Nakamoto e David Wighton, "Citigroup Chief Stays Bullish on Buy-outs", *Financial Times,* 9 de julho de 2007.

Epílogo

1. Atul Gawande, *The Checklist Manifesto: How to Get Things Right* (Nova York: Metropolitan Books, 2010).

Leituras adicionais

Auletta, Ken. *The Highwaymen: Warriors of the Information Super Highway.* Nova York: Harcourt, Brace and Company, 1997.

Auletta, Ken. *Three Blind Mice: How the TV Networks Lost Their Way.* Nova York: Random House, 1991.

Bernstein, Peter L. *Against the Gods: The Remarkable Story of Risk.* Nova York: John Wiley and Sons, 1996.

Biggs, Barton. *Hedge hogging.* Hoboken, NJ: John Wiley and Sons, 2006.

The Buffett Partnership. Collection of Reports to Investors, 1958–1969.

Byrne, John A. *The Whiz Kids: The Founding Fathers of American Business and the Legacy They Left Us.* Nova York: Currency/Doubleday, 1993.

Conant, Jennet. *Tuxedo Park: A Wall Street Tycoon and the Secret Palace of Science That Changed the Course of World War II.* Nova York: Simon & Schuster, 2002.

Cunningham, Lawrence. *The Essays of Warren Buffett: Lessons for Corporate America.* Durham, NC: Carolina Academic Press, 1997.

Drucker, Peter F. *Adventures of a Bystander.* Nova York: Harper and Row, 1978.

Ellis, Charles D., ed. (com James R. Vertin). *Classics: An Investor's Anthology.* Homewood, IL: Dow Jones-Irwin, 1989.

Gladwell, Malcom. *Outliers: The Story of Success.* Nova York: Little, Brown, and Company, 2008.

Gleick, James. *The Information: A History, a Theory, a Flood*. Nova York: Vintage Books, 2011.

Graham, Katharine. *Personal History.* Nova York: A.A. Knopf, 1997.

Hagstrom, R.G. *The Warren Buffett Portfolio.* Nova York: John Wiley and Sons, 1999.

Halberstam, David. *The Best and the Brightest*. Nova York: Random House, 1972.

Kahneman, Daniel. *Thinking, Fast and Slow.* Nova York: Farrar, Straus, and Giroux, 2011.

Kaufman, Peter D. *Poor Charlie's Almanack: The Wit and Wisdom of Charles T. Munger.* Los Angeles: PCA Publications, 2005.

Kuhn, Thomas S. *The Structure of Scientific Revolutions.* Chicago: University of Chicago Press, 1996.

Lawrence, Mary Wells. *A Big Life (in Advertising)*. Nova York: Simon & Schuster, 2002.

Lowe, Janet. *Damn Right! Behind the Scenes with Berkshire Hathaway Billionaire Charlie Munger.* Nova York: John Wiley and Sons, 2000.

Lowenstein, Roger. *Buffett: The Making of an American Capitalist*. Nova York: Random House, 1995.

Mauboussin, Michael. *More Than You Know: Finding Financial Wisdom in Unconventional Places.* Nova York: Columbia University Press, 2006.

Poundstone, William. *Fortune's Formula: The Untold Story of the Scientific Betting System That Beat the Casinos and Wall Street*. Nova York: Hill and Wang, 2005.

Press, Eyal. *Beautiful Souls: Saying No, Breaking Ranks, and Heeding the Voice of Conscience in Dark Times.* Nova York: Farrar, Straus, and Giroux, 2012.

Preston, Richard. *American Steel.* Nova York: Avon Books, 1992.

Pruitt, Bettye H. *The Making of Harcourt General: A History of Growth Through Diversification 1922–1992*. Boston: Harvard Business School Press, 1994.

Roberts, John. *The Modern Firm: Organizational Design for Performance and Growth*. Nova York: Oxford University Press, 2004.

Robichaux, Mark. *Cable Cowboy: John Malone and the Rise of the Modern Cable Business.* Hoboken, NJ: John Wiley and Sons, 2002.

Skildelsky, Robert. *John Maynard Keynes, Volume 2: The Economist as Savior, 1920–1937*. Nova York: Penguin Books, 1995.

Swensen, David F. *Unconventional Success: A Fundamental Approach to Personal Investment*. Nova York: Free Press, 2005.

Tedlow, Richard S. *Giants of Enterprise: Seven Business Innovators and the Empires They Built*. Nova York: Harper Business, 2001.

Train, John. *The Money Masters.* Nova York: Harper and Row, 1980.

Índice

Obs.: Os números de página seguidos por *f* indicam figuras; aqueles seguidos por *t* indicam tabelas.

B

C

N